Sergi Barnils

Sergi Barnils

Testi di/Texts by/Textbeiträge von
Flaminio Gualdoni
Josep M. Cadena

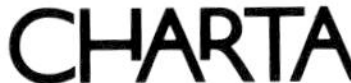

Progetto grafico/Design/Grafische Gestaltung
Gabriele Nason

Coordinamento redazionale/Editorial coordination/Redaktionelle Koordination
Emanuela Belloni

Traduzioni/Translations/Übersetzung
Scriptum, Roma
Anton Ebner, Deggendorf
Sergio Mandelli, Milano

Ufficio stampa/Press office/Pressbüro
Silvia Palombi Arte & Mostre, Milano
Cristina Ghisolfi, Spirale Arte

Realizzazione tecnica/Production/Herstellung
Amilcare Pizzi Arti grafiche, Cinisello Balsamo

Fotografie/Photographs/Fotografien
Matteo Curti
Stefano Parini

In copertina/Cover/Umschlag
De les primeres percepcions, 1997

ISBN 88-8158-147-7

Edizioni Charta
Via della Moscova, 27
20121 Milano
Tel. +39-2-6598098/65983200
Fax +39-2-6598577

Printed in Italy

*Testimoniatge d'agraïment
al Credor de l'Univers*

Sommario
Table of Contents
Inhalt

El Vell Ametller, 1966
Gouache su carta/Gouache on paper/
Gouache auf Papier
45x60 cm
Premio straordinario/Special Award/ Sonderpreis
VIII Certamen Nacional de Arte Barcelona,
1966

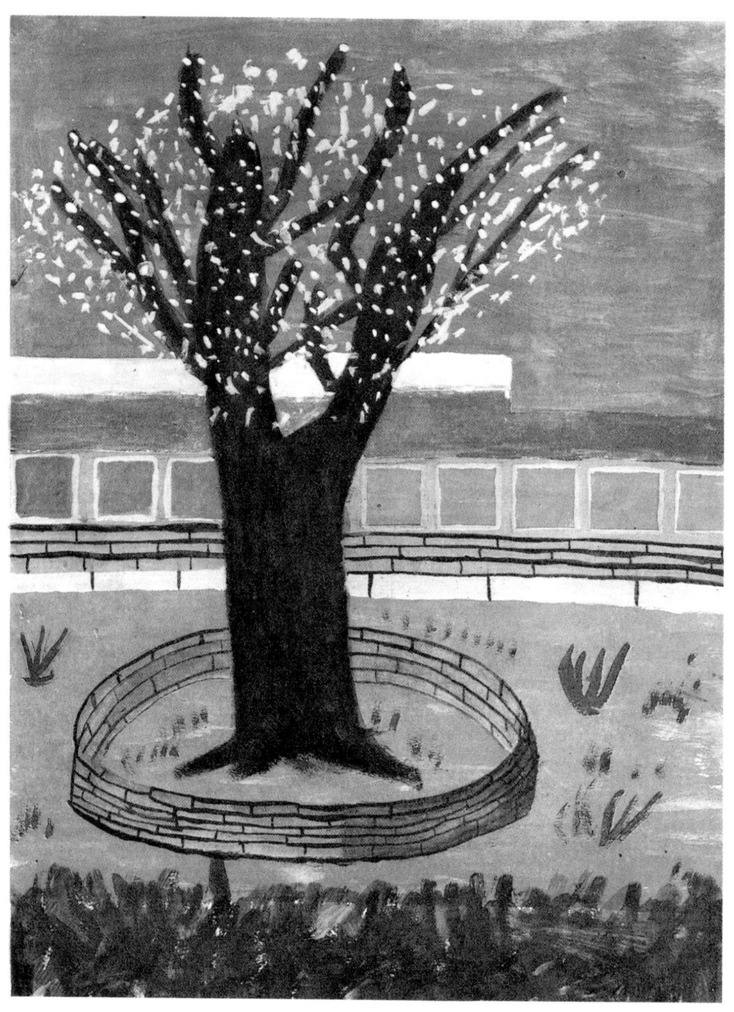

Sergi Barnils

Flaminio Gualdoni

Un piccolo quadro datato 1984, *Paisaje Soñado*, è testimonianza eloquente della stagione formativa, lunga e intensa stagione formativa, di Sergi Barnils.
Le materie alte e frementi, che lievitano per turgori e si fanno impronte di una eccitazione emotiva come febbrile, di felice plenitudine sensoriale, annunciano già, ben prima che il *cursus* artistico ufficiale dell'artista abbia inizio, quali ne saranno i caratteri cruciali: la pittura come effusione piena, sensorialmente satura, degli affetti e dei corsi intellettuali; il culto dell'immediatezza del gesto e dei suoi riverberi energetici; il gusto per la primarietà sorgiva del fare, alieno da ogni maniera cautelata, e per i suoi fondamenti antropologici e trascorrimenti simbolici.
Certo, tutto scolastico è il dipinto, ancora. Come altri del tempo, fonda le proprie certezze prime sull'orizzonte problematico della nuova tradizione novecentesca. Amori cézanniani, per un vedere naturale compresso e distillato in scrutinio introverso, e insieme curiosità per talune stagioni e figure dell'espressionismo, il Nolde paesaggista su tutti: naturalmente riletti attraverso il filtro delle declinazioni plurime, la cultura catalana tra le altre, che il secolo ne ha dato, e tenendo conto di due elementi interpretativi cruciali: il mito parigino prevalente nella cultura spagnola, che filtra influenze espressioniste dirette (una analisi acuta di tale fenomeno è di Jaime Brihuega, *Las vanguardias artísticas en España. 1909-1936*, 1981), e, per le generazioni ultime, il carisma di Tápies (e, per altri versi, di Saura), come rifondatori di un'espressività che media sulla cultura internazionale il cospicuo radicamento surreale della cultura artistica spagnola del secolo.
Questa, nelle linee essenziali, la vocazione pittorica di Barnils. Alla quale si affianca, di fondamentale importanza, un tirocinio lungo nella ceramica d'arte, che ne innerva molte scelte attuali.
L'opzione per timbri cromatici forti e sonanti, e per rapporti schiariti tra zonature, così come la predilezione per il segnare netto e per lo scambio lucido/opaco delle superfici, oltre che, naturalmente, per una schematizzazione delle forme che implichi senza remore filigrane decorative, certo gli viene da quella pratica illustre: che è cultura della mano e insieme radicato standard visivo, e che consente, a chi ne voglia far esperienza, un repertorio di modalità che è possibile far transitare con gran costrutto nella ricerca.

Quando, nei primi anni Novanta, Barnils stringe il proprio fervido – e non striminzito, dal momento che ciò accade a circa trentacinque anni – repertorio tecnico e linguistico nell'assunzione definitiva ed esclusiva della responsabilità del pittore, non deve che riversare e organizzare il proprio patrimonio visivo scavandone la ragione prima e unificante, e soprattutto necessitante.
Si ritrova, inevitabilmente, ad abitare una posizione espressiva, per certi versi estrema, nelle geografie del dibattito artistico. Benché tra anni Ottanta e Novanta esperienze diverse abbiano ipotizzato riduzioni iconografiche e proliferazioni divaganti, in nome del trascolorare definitivo del rigorismo avanguardista – da Penck a Polke, dalle riscoperte di Copley e del Beuys *on paper* a giovani come Winnewisser e Ikemura – egli si ritrova piuttosto a rappresentare un'arte che alla ricchezza fabrile e visiva accompagna un *understatement* fondamentale e una sorta di gioiosa golosità d'immagine. Come un'*arte ricca*, verrebbe da dire, se il *calembour* non fosse stato già più volte malamente speso.
Il segno, visto che di genealogie è uso sempre dire, è la via che passa per i Dubuffet, i Fahlström, i Cobra, con una tutta attuale *rage de l'expression* di feroce energetismo, capace insieme di trasognamenti e umori simbolici tutto fuorché banali.

Dal punto di vista tecnico, Barnils decide di mantenere inalterato il suo rapporto d'intimità, un po' antagonistica un po' erotica, con la materia, diffidando della pellicolarità convenzionale della tela e contaminandosi fastosamente con l'asperità della tavola, del cartone, così come con la nudità non astratta del foglio. Vi lavora a encausto, marcando di gesti forti il nitore della superficie consistente, oppure contaminando materie ora tinte ora di scabra asprezza, oppure ancora recuperando con piglio fastoso la vecchia "poetica del muro", quel valore d'intonaco sul quale la figura si traccia corsivamente, a scrivere la *docta ignorantia* dell'artista.

Usualmente, l'eredità consegnataci dagli anni Cinquanta e Sessanta nell'ambito dei *mixed media* prevede un forte tasso di intenzionalità, di provocatorietà programmatica. È, cioè – si pensi ad esempio alla vicenda New Dada – un'opzione forte sul linguaggio e sulla tecnica, in sé significante. Nel caso di Barnils, e di coloro che gli sono affini, agisce piuttosto l'assai semplificato, ma perfettamente pertinente, atteggiamento di indifferenza specifica verso la natura dei mezzi e dei materiali impiegati, se non in quanto funzionali al progetto e alla condizione espressiva: variante, variabile, proliferante, radiante è il campo dell'espressione, e la scelta dell'armamentario tecnico ne è naturale, normale conseguenza. Non in cerca di *tipicità* tecnica è, dunque, Barnils, ma di *proprietà*, affidando a un'altra ricerca di valori il proprio progetto di qualità.

È evidente, tuttavia, che fa parte delle maturate scelte tecniche dell'artista un programma di forte assertività visiva, di captazione sensibile che passa attraverso l'innesco di una condizione di lettura di cui la consistenza e varietà materiale sia parte importante, se non protagonistica: consistenza e varietà materiale, s'intende, in cui recitano un ruolo paritetico, e a ben vedere indisgiungibile, ciò che si conviene chiamare i supporti e le materie pittoriche.

Lo spettatore subisce una sorta di felice aggressione all'occhio, deve esercitarne le facoltà tattili più riposte, e insieme, imprigionato da questa esperienza visuale che tende all'esclusività e quindi sospesa ogni remora intellettuale di approccio al *quadro*, deve pascolare affettivamente, a sensi aperti, più che con la padronanza del raziocinio, sul piano complesso, e a sua volta stratificato, dell'immagine.

Sul piano della natura dell'immagine, così come su quello delle scelte tecniche, Barnils si consente il massimo di libertà e di facoltatività, fedele solo al filo dipanantesi di un rimuginio fantastico dal quale affiorano umori fiabeschi, e insieme radici simboliche che si organizzano in affabulazioni divaganti, in *récits* di saporosa e fratta poeticità.

Barnils lavora per seriazioni fitte, concatenando come in un procedere rapsodico pagine di un irregolare svolgimento, del quale ogni opera è picco sintetico e apertura di ulteriori possibili. Ma sceglie, contemporaneamente, di sviluppare in parallelo, per intersezioni altrettanto impreventive, serie diverse.

Le serie portano titoli allusivi e suggestivi: *De les murades de la substància material*, *Configuracions dels camins del sojorn lluminós*, *Estudi de conformacions*, *Del prodigiós ordre còsmic*, *Papers de l'alegria de viure*, *Dels jardins oblidats*. Ciascuna di esse è contraddistinta non solo da taluni elementi formali distintivi, ma soprattutto da un gradiente inventivo e poetico, all'interno di un programma espressivo che Barnils concepisce come compiuta materia riflessiva della condizione umana.

Protagonista è la *dama*, figura umana il cui faticoso emergere dalla prigione mondana, *torre*, *substància material*, corpo, percorre le vie del *sojorn lluminós*, conduce alla trascendenza possibile dell'*ordre còsmic*. È un *gradus* che rimemora l'ascesa dantesca e la visionarietà boschiana e blakiana, e la *fabula* mozartiana del *Flauto magico*, e tutti i miti di ascesa, condito da un aroma cavalleresco e da un divagare meravigliato in cui l'impronta donchisciottesca letteraria, e quella riletta da Unamuno, si mescolano con i sapori aspri e forti della mitologia orale della cultura popolare.

La poggiatura letteraria e simbolica non è tuttavia che l'innesco del procedere inventivo di Barnils, che ne traduce gli impulsi in movenze della propria visionarietà sintetica e irregolare. Vi si ripete l'incrocio fra una gabbia strutturale chiusa, talora moltiplicata in celle visive concatenate, abitata da grumi visivi d'organico rastremati a geometrie sorgive, che progressivamente si schiude in moti centrifughi, sempre più articolati per sintassi slogate da figure di volo, di moto, d'ascesa, e da scritture fitte e accecate d'una furia grafica che tocca le frequenze delle ideografie originarie.

Del colore, ancora. Elemento caratterizzante e distintivo di ciscuna serie è l'intonazione cromatica, che Barnils forza a primarie connotazioni quantitative, come s'è visto, ma spinge insieme a farsi responsabile della contestualizzazione emotiva fondamentale, in seno a questa sua tutta tipica *langue*. Del colore sono le temperature, gli eccessi frementi e le pieghe meditative, il furore e la melanconia.

Opera dopo opera, in una epopea bassa e alla deriva, in una cosmogonia che ha la forza bruciante delle intuizioni primarie.

Paisatge de Sant Cugat, 1972
Olio su tela/Oil on canvas/Öl auf Leinwand
81x65 cm

Paisatge (copia), 1979
Olio su tela/Oil on canvas/Öl auf Leinwand
92x73 cm

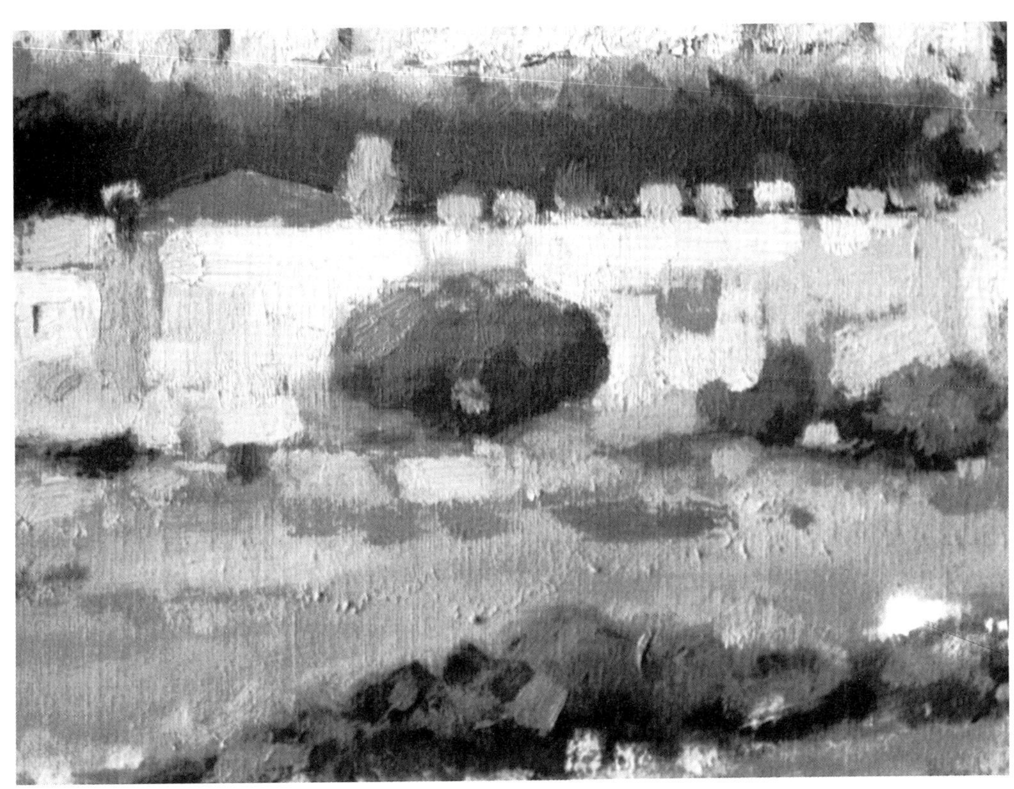

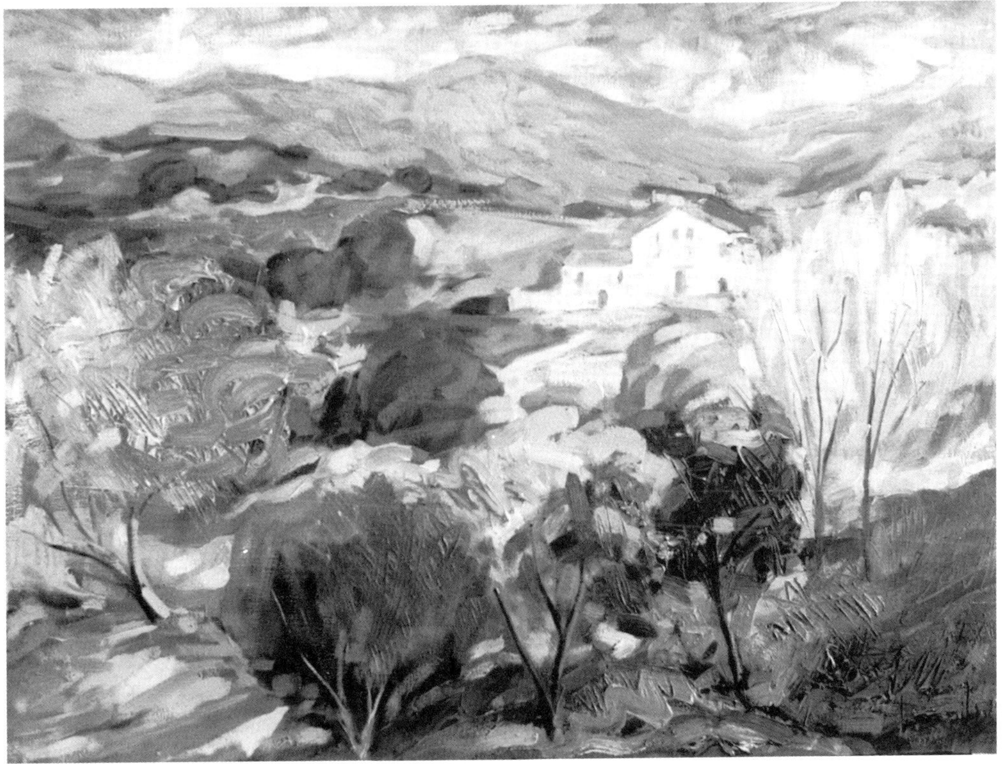

12   *El Codolar (Tossa de Mar)*, 1980
Olio su tela/Oil on canvas/Öl auf Leinwand
81x65 cm

Composició floral, 1985
Acrilico su tela/Acrylic on canvas/Acryl auf
Leinwand
73x60 cm

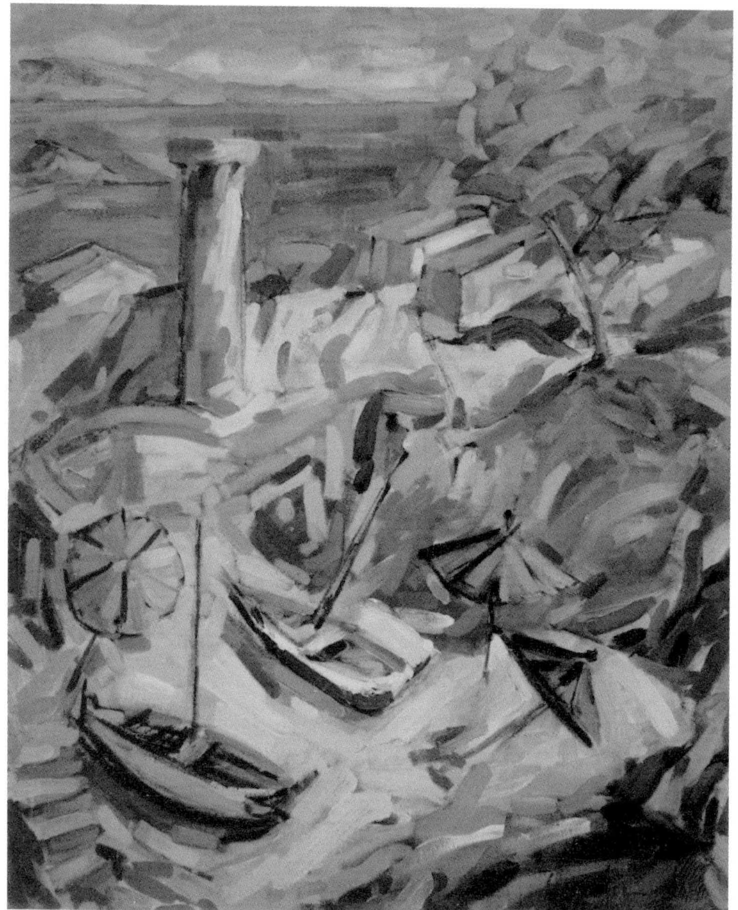

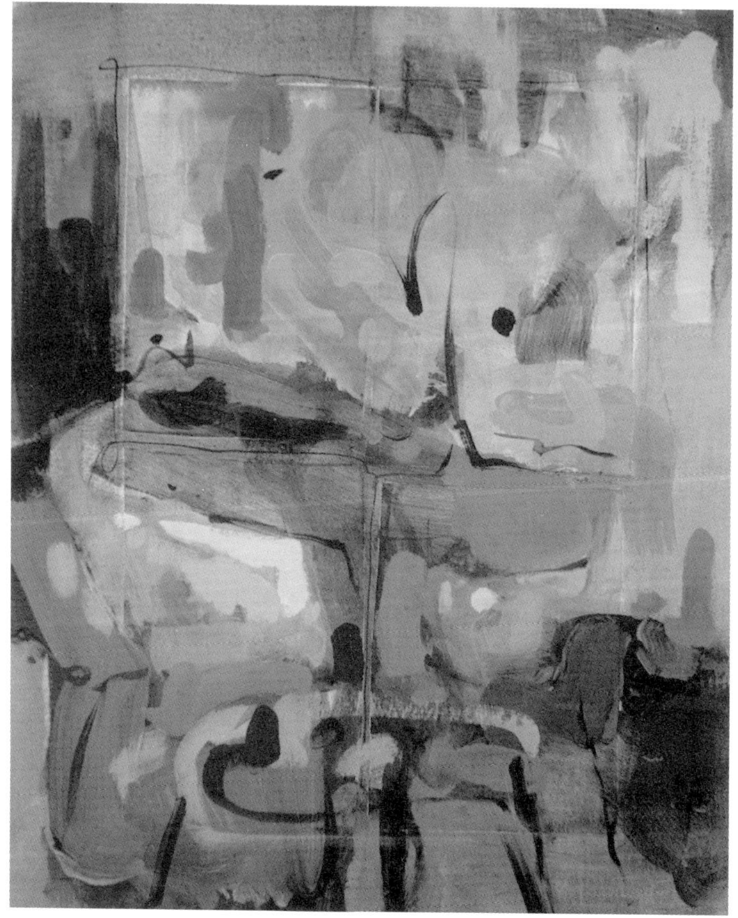

Sergi Barnils

Flaminio Gualdoni

A small painting dated 1984, *Paisaje Soñado*, is an eloquent testimony of the long, intense formative period of Sergi Barnils.
The high, trembling materials, which rise through turgidity and become the marks of a feverish emotional excitement, of happy sensorial plenitude, already announce, long before the official artistic career of the artist has begun, what its crucial characteristics will be: painting as a sensorially full effusion of the affections and the intellect; the cult of the immediacy of the gesture and its reverberations; the taste for the spring-like primacy of the artistic process, free of any precautionary manner, and for its anthropological foundations and symbolic passages.
The painting is clearly still scholastic: like others from the same period, it draws security first of all from the problematic horizon of the new 20th-century tradition. A love for Cézanne, for a natural way of seeing compressed and distilled in introverted scrutiny, and at the same time curiosity for certain seasons and exponents of Expressionism, above all the landscapes of Nolde: reinterpreted, naturally, through the filter of multiple declensions, including Catalonian culture, which the century has brought, and taking account of two crucial elements of interpretation: the myth of Paris prevalent in Spanish culture, which filters direct expressionist influences (for an acute analysis of this phenomenon, see Jaime Brihuega, *Las vanguardias artisticas en España*. 1909-1936, 1981) and, for the later generations, the charisma of Tápies (and, in some ways, of Saura) as the re-founders of a form of expression that mediates the notable surreal foundation of 20th-century Spanish art on international culture.
This, essentially, is Barnils' pictorial vocation. Combined with a long and important apprenticeship in art ceramics which is visible in many of his current choices.
The choice of strong, resonant chromatic timbres and of bright relations between zones, like the predilection for clear signs and for the gloss/mat alternation of surfaces, as well as for a schematization of forms that implies, without qualms, decorative threads, all comes from the practice of that noble art – an art which is a culture of hand-crafting, and at the same time a deeply-rooted visual standard, and which gives those who practice it a repertoire of techniques that can be transferred with great profit to artistic research.

When, at the beginning of the Nineties, Barnils narrows down his fervid – and far from meager, seeing that this happened at around thirty-five years old – technical and linguistic repertoire to the definitive and exclusive assumption of the task of the painter, all he has to do is pour out and organize his own visual patrimony, searching for its main and unifying, or rather necessitating, reason.
He inevitably finds himself inhabiting an expressive position which is in some ways at the extreme in the geography of the artistic debate. Although many artists in the Eighties and Nineties have experimented with iconographic reductions and rambling proliferations, in the name of the definitive re-coloring of the rigor of the avant-garde – from Penck to Polke, from the rediscoveries of Copley and of Beuys "on paper", to young artists like Winnewisser and Ikemura – Barnils on the other hand comes to represent an art that combines a creative and visual richness with a fundamental understatement and a sort of joyful greediness of image. Like an *arte ricca*, we would be tempted to say, if the pun had not been used badly several times already.
Since it is the custom to trace genealogies, the sign is that which passes through Dubuffet, Fahlström, Cobra, with a fiercely energetic *rage de l'expression* capable both of reveries and profoundly complex symbolism.

From a technical point of view, Barnils decided to maintain his relation of intimacy, both antagonistic and erotic, with the material, distrusting the conventional pellicular nature of canvas and contaminating himself lavishly with the asperity of panel and cardboard, and with the non-abstract nudity of the sheet. He works on them with encaustic, marking the cleanness of the wide surface with strong gestures, or contaminating materials, sometimes painted, sometimes harshly rough, or recovering in lavish manner the "poetics of the wall", the plaster on which the figure is easily traced, writing the *docta ignorantia* of the artist.

The legacy consigned to us by the Fifties and the Sixties in terms of mixed media usually involves a substantial degree of intentionality, of planned provocation. It is, therefore – think, for example, of the New Dada experience – a strong choice in terms of language and of technique, significant in itself. In the case of Barnils, and other artists like him, we have the rather simplified, but perfectly relevant attitude of indifference towards the nature of the means and the materials used, except in so far as they serve the project and the expressive condition: the field of expression is varying, variable, proliferating, radiant, and the choice of technical instruments is its natural, normal consequence. Barnils, therefore, is not searching for technical typicality, but for propriety, entrusting his own project of quality to another search for values.

It is clear, however, that the artist's technical choices include a program of strong visual assertiveness, of sensitive possessiveness that is triggered by a condition of interpretation of which material consistency and variety are an important part, if not the main part: material consistency and variety, that is, in which what we may call the supports, and the pictorial materials, play a joint and inseparable role.

The eye of the spectator is subject to a sort of happy aggression, he must exercise its most concealed tactile faculties and, imprisoned by this visual experience that tends to exclusivity and therefore suspends any intellectual scruple about the approach to the painting, he must roam emotionally, using all his senses, rather than the mastery of rationality, over the complex, and in turn layered, surface of the image.

At the level of the nature of the image, as at that of technical choices, Barnils allows himself maximum freedom, faithful only to the unwinding thread of a fantastic pondering from which there emerge fable-like humours, and at the same time symbolic roots which arrange themselves into developing fabulae, into récits of zestful, fractured poetry.

Barnils works by means of dense series, linking together, as if in a rhapsodic process, pages of his irregular development, of which every work is a synthetic peak and an opening towards further possibilities. But he chooses, at the same time, to develop different series parallel to the first, by means of equally unpredictable intersections.

The series bear allusive and evocative titles: *De les murades de la substància material, Configuracions dels camins del sojorn lluminós, Estudi de conformacions, Del prodigiós ordre còsmic, Papers de l'alegria de viure, Dels jardins oblidats.* Each of these is characterized not only by several distinctive formal elements, but above all by an inventive and poetic gradient, within an expressive program that Barnils conceives as an accomplished material reflecting upon the human condition.

The protagonist is the lady, a human figure whose exhausting emergence from the worldly prison, tower, *substància* material, body, pursuit of the paths of the *sojorn lluminós,* leads to the possible transcendence of the *ordre còsmic.* It is a *gradus* reminiscent of Dante's ascent and the visions of Bosch and Blake, and Mozart's *fabula* of the *Magic Flute,* and all the myths of ascent, flavoured with a hint of chivalry and an astonished amusement in which the influence of Don Quixote, or of the re-reading by Unamuno, combines with the strong, bitter tastes of the oral mythology of popular culture.

The literary and symbolic support is, however, only the trigger of the inventive process of Barnils, who translates its impulses into movements of his own synthetic and irregular vision. Repeated in it is the cross between a closed structural cage, sometimes multiplied in interlinking visual cells, inhabited by visual organic lumps tapered into spring-like geometries, which gradually opens out in centrifugal movements, increasingly articulated by means of twisted figures of flight, movement, ascent, and by dense signs blinded by a graphic rage that touches the frequencies of original ideographs.

Of color, again. A characteristic and distinctive element of every series is the chromatic tone, which Barnils forces into primary quantitative connotations, as we have seen, but at the same pushes to become responsible for the fundamental emotional contextualization, in the bosom of this typical *langue.* The temperatures, the trembling excesses and the meditative folds, the rage and the melancholy are all composed of color.

Work after work, in a low, drifting epic, in a cosmogony that has the burning force of primary intuitions.

Paisatge Somniat, 1984
Acrilico su tela/Acrylic on canvas/Acryl auf
Leinwand
73x60 cm

Paisatge Urbà, 1987
Acrilico e collage su carta/Acrylic and
collage on paper/Acryl und Collage auf
Papier
25x30 cm

Visió desde les cel.les, 1989
Linoleum e gouache su carta/Linoleum and
gouache on paper/Linoleum und Gouache
auf Papier
20x17 cm

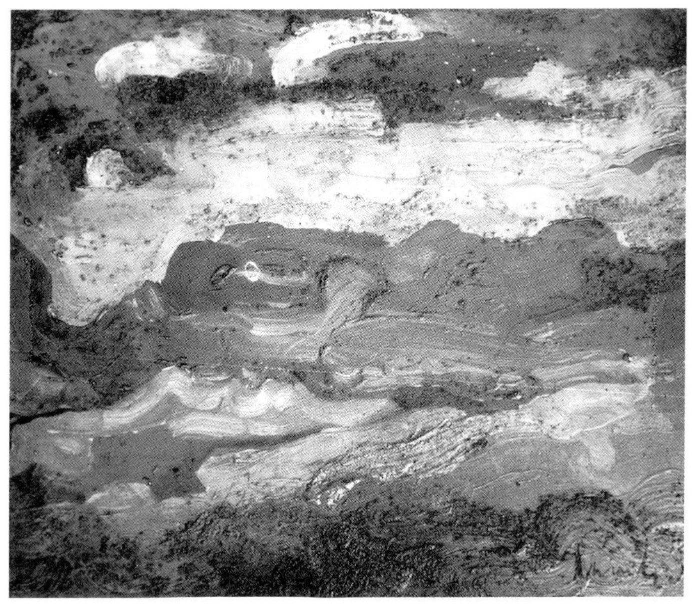

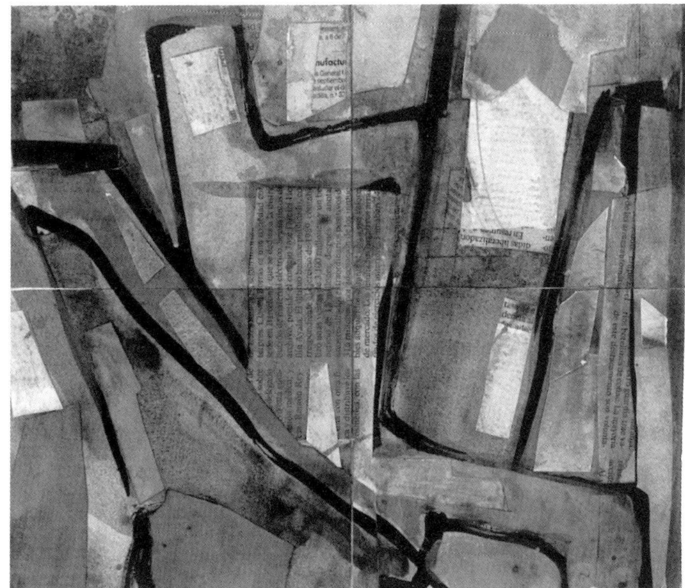

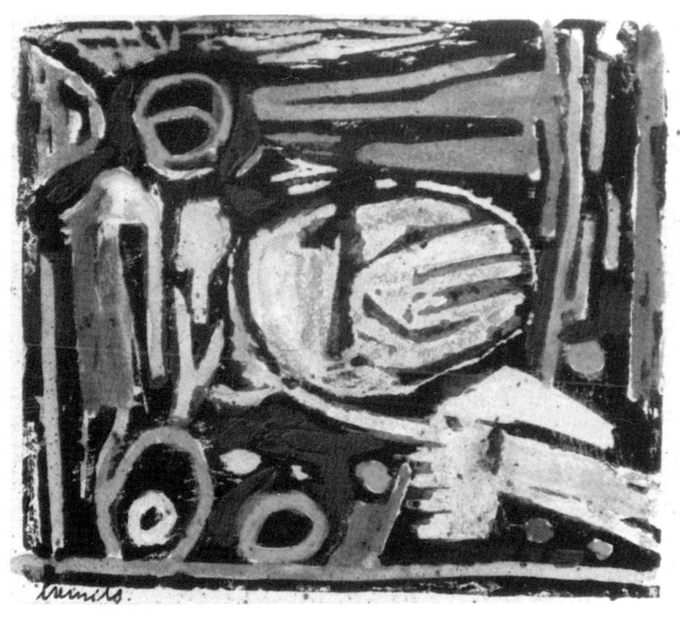

Sergi Barnils

Flaminio Gualdoni

Ein kleines, auf 1984 datiertes Bild mit dem Titel *Paisaje Soñado* belegt in einzigartiger Weise den langen und intensiven Entwicklungsgang von Sergi Barnils.

Die hohen, vibrierenden und schwellenden Materien, die eine gleichsam fieberhafte emotionale Erregung, eine glückliche sinnliche Fülle zum Ausdruck bringen, künden schon lange vor dem Beginn des eigentlichen künstlerischen Entwicklungswegs von den entscheidenden Charakteristiken dieser Kunst: die Malerei als voller, sinnlich reifer Erguß der Affekte und der intellektuellen Impulse; der Kult der unmittelbaren Geste und ihrer energetischen Schwingungen; die Vorliebe für die quellende Ursprünglichkeit seines künstlerischen Tuns, dem jede durchdachte Manier fremd ist, sowie die anthropologischen Fundamente und die symbolischen Stationen dieser Entwicklung.

Sicherlich ist das Gemälde noch ausgesprochen schülerhaft angelegt. Wie andere seiner Zeit gründet auch er seine ersten Überzeugungen auf den problematischen Fundamenten der traditionellen Kunsttendenzen des 20. Jahrhunderts.

Anklänge an Cézanne, besonders hinsichtlich des komprimierten und durch die inneren Empfindungen gefilterten Natursehens, dann aber zugleich eine starke Neugierde an bestimmten Strängen und Figuren des Expressionismus, besonders bezüglich Nolde als Landschaftsmaler: doch alles natürlich durch die vielfältigen Raster der eigenen Persönlichkeitsstruktur gelesen, wobei unter anderem besonders die katalanische Kultur unseres Jahrhunderts und zwei ihrer herausragenden Momente von Bedeutung sind: der die spanische Kultur prägende Mythos von Paris, dessen Filter alle direkten expressionistischen Beeinflussungen konditionierte (Jaime Brihuega erstellte in *Las vanguardias artísticas de España. 1909-1936* (1981) eine detaillierte Analyse dieses Phänomens), und im Kontext der jüngeren Generation das Charisma eines Tápies (und, aus anderer Perspektive, eines Saura), als Begründer einer Expressivität, welche die ausgesprochen surreale Verwurzelung der spanischen Kunst des Jahrhunderts an der internationalen Kultur mißt.

In diesen Aspekten sind die wesentlichen Entwicklungslinien der malerischen Motivation von Barnils angelegt. Daneben ist die lange Beschäftigung mit Kunstkeramik — insbesondere hinsichtlich seiner aktuellsten künstlerischen Entscheidungen — von grundlegender Bedeutung. Die Vorliebe für chromatisch intensive, vollklingende Akkorde, der flächige, klare Farbauftrag und der Wechsel von glänzenden und matten Oberflächen gehen neben den formalen Schematisierungen, die bedenkenlos auch filigrane Muster einschließen, auf diese Tätigkeit zurück: dabei handelt es sich um manuelles Können und um eine ganz bestimmte Seherfahrung, die ein umfassendes Repertoire an künstlerischen Möglichkeiten für denjenigen bereithält, der es zu nutzen versteht. Als Barnils in den frühen 90er Jahren sein technisches und linguistisches Repertoire festigte, und sich ausschließlich der Malerei widmete, mußte er also sein eigenes visuelles Erbe nur noch einfließen lassen und organisieren und die verbindende und zwingende Motivation freilegen.

Im Kontext der Kunstdiskussion findet er sich daher unausweichlich in einer in gewisser Weise extremen expressiven Position. Wiewohl in den 80er und 90er Jahren die unterschiedlichsten Entwicklungen zum einen ikonografische Reduktionen, zum anderen ausufernde Verzweigungen verfolgten, um die programmatische Rigorosität der Avantgarden definitiv zu überwinden — von Penck bis Polke, von den Entdeckungen Copleys bis hin zum Beuys *auf Papier* und den Jungen wie Winnewisser und Ikemura —, so vertritt Barnils eine Kunst, die gestischen und visiven Reichtum mit einem grundlegenden *understatement* und einer Art lustvollen Gier nach Bildern paart. Wäre der Begriff nicht schon so oft und schlecht verwendet worden, so könnte man hier sehr wohl von einer *arte ricca* sprechen.

Im Sinne von geneologischen Bezügen, an die man sich ja gewöhnt hat, ist sein Zeichen den Tendenzen eines Dubuffet, eines Fahlström oder den Vertretern von Cobra verpflichtet, tobt sich jedoch in einer energetisch extrem aufgeladenen, ausgesprochen aktuellen *rage de l'expression* aus, die zu — keineswegs banalen — Phantasien und symbolischen Launen fähig ist.

In technischer Hinsicht behält Barnils seinen intimen, auch etwas antagonistischen und erotischen Bezug zur Materie bei, indem er der konventionellen Glätte der Leinwand mißtraut und sich feierlich mit der Rauheit der Holztafel, des Kartons und mit der konkreten Nacktheit des Papiers auseinandersetzt. Er arbeitet in der Technik der Enkaustik, wobei er die Klarheit der Oberfläche mit intensiven Gesten bezeichnet. Er bearbeitet farbige oder rauhe Materialien, oder er wagt sich an die ehrwürdige „Poetik der Mauer", an der sich die Figur ausbreitet, um die *docta ignorantia* des Künstlers zu schreiben.

Das Erbe der 50er und 60er Jahre beinhaltet im Bereich der *mixed media* einen hohen Grad an Intentionalität, an programmatischer Provokation. Dies impliziert – man denke nur an *new dada* und die damit zusammenhängenden Entwicklungen – eine Betonung der Ausdruckssprache und der Technik als an sich bedeutsame Phänomene. Im Fall von Barnils und der ihm Verwandten zeigt sich ganz einfach eine spezifische Indifferenz der Natur seiner Mittel und Materialien gegenüber, denen hinsichtlich des Projekts und der Expressivität lediglich funktionale Bedeutung zukommt: der Bereich der Expression ist vielfältig, variabel, wuchernd, rasant; die Auswahl des technischen Werkzeugs geht daraus als natürliche, normale Konsequenz hervor. Barnils ist nicht auf der Suche nach einer *typischen*, sondern nach der *geeignetsten* Technik, wobei er die geforderte Qualität über andere Werte zu erzielen sucht.

Es ist indes offensichtlich, daß die Auswahl der Techniken Teil eines stark visiv ausgerichteten Strebens ist. Die Sinnlichkeit vermittelt sich über ein lesbares Geflecht, dessen unterschiedlicher Materialcharakter bedeutsam, wenn nicht gar entscheidend sind: eine materielle Konsistenz und Verschiedenartigkeit, in der die sogenannten Träger sowie die malerischen Materialien eine gleichberechtigte und unverzichtbare Rolle spielen.

Der Betrachter wird einer Art glücklichem Angriff auf das Auge ausgesetzt. Er muß seine verborgensten taktilen Fähigkeiten aufbieten und – gefangen von dieser visuellen Erfahrung, die sich in ihrer Exklusivität jeder intellektuellen Annäherung verweigert – muß er das Bild mehr denn mit den rationalen Fähigkeiten gleichsam in seiner komplexen und vielschichtigen Gestalt abweiden. Auf der Ebene der Natur des Bilds ebenso wie auf derjenigen der technischen Mittel erlaubt sich Barnils die größtmögliche Freiheit und Beliebigkeit. Dabei bleibt er nur seiner phantastischen Bilderwelt, der fabelähnliche Launen entspringen, und seinen symbolischen Wurzeln treu, die sich in einer überbordenden Sprache, in einer breit angelegten, duftigen und zugleich gebrochenen Poetizität organisieren.

Barnils arbeitet in dichten Serien, wobei er die Seiten in einer Art rhapsodischem Prozeß miteinander verkettet. Jedes Werk ist daher synthetischer Gipfelpunkt und Öffnung zu weiteren Entwicklungsmöglichkeiten zugleich. Er arbeitet gleichzeitig und parallel an verschiedenen Werken. Charakteristisch sind die dabei sich abzeichnenden unvorhergesehenen Überschneidungen.

Diese Serien tragen anspielende, suggestive Titel: *Des les murades de la substància material, Configuracions dels camins del sojorn lluminós, Estudi de conformacions, Del prodigiós ordre còsmic, Papers de l'alegria de viure, Dels jardins oblidats.* Jede der Serien ist nicht nur durch bestimmte formale Elemente, sondern insbesondere durch eine spezifische erfinderische und poetische Note gekennzeichnet – im Kontext eines expressiven Programms, das Barnils als vollendete Reflexion des menschlichen Daseins versteht.

Der Protagonist ist die *Dame*, eine menschliche Figur, deren mühevoller Ausbruch aus dem weltlichen Gefängnis –*Turm, Materie,* Körper – das grundlegende Thema bildet. Sie durchwandert die Wege des *sojorn lluminós,* die zur möglichen Transzendenz des *ordre còsmic* führen. Ein *gradus,* der an den Dantesken Aufstieg, an die Visionen eines Bosch und eines Blake, an die Mozartsche Fabel der Zauberflöte, an alle Aufstiegsmythen erinnert. Er ist mit einer höfischen, ritterlichen Note gewürzt und durch ein wunderbares Abschweifen vom Weg gekennzeichnet, in dem sich Anklänge an Don Quichotte und Unamuno mit den rauhen kraftvollen Geschichten der Volksmythologie mischen.

Die literarische und symbolische Entlehnung ist indes nichts anderes als die Initialzündung der künstlerischen Erfindung von Barnils, welche die Impulse in Bewegungen der eigenen synthetischen oder ungeregelten Bildvorstellungen übersetzt. In den Bildern wiederholt sich ein geschlossener strukturaler Käfig, der meist in verkettete visive Zellen unterteilt ist und den visive organische Klumpen bewohnen, die sich zu quellenden Geometrien verjüngen, und der sich progressiv in zentrifugalen Bewegungen wieder verschließt. Die Syntax dieser Struktur artikuliert sich immer mehr durch die verrenkten Figuren im Flug, in Bewegung, im Aufstieg, und durch das dichte und impulsiv angelegte Zeichenrepertoire, das sich der Intensität der zugrundeliegenden Ideographien annähert.

Nochmals zurück zur Farbe. Charakterisierendes und kennzeichnendes Element einer jeden Serie ist ihre chromatische Intonation, die Barnils entsprechend den zugrundeliegenden Konnotationen quantitativ gewichtet. Die Farben sind der grundlegende emotionale Kontext seiner Ausdruckssprache. Die Farbe erzeugt die Temperaturen, die bebenden Exzesse und die meditativen Einschübe, die Leidenschaft und die Melancholie.

Werk für Werk entsteht hier ein einfaches, treibendes Epos, eine Kosmogonie, welche die brennende Kraft der wesentlichen Intuitionen besitzt.

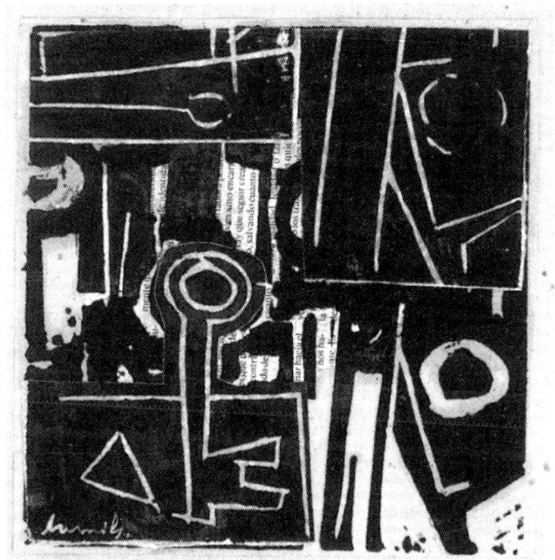

De les cel.les del nivell inferior, 1990
Tecnica mista su carta/Mixed media on paper/Mischtechnik auf Papier
20x20 cm

18   *Dama captiva*, 1990
Tecnica mista su tela/Mixed media on
canvas/Mischtechnik auf Leinwand
73x60 cm

Visió del gran alliberament, 1990
Linoleum e collage/Linoleum and
collage/Linoleum und Collage
25x30 cm

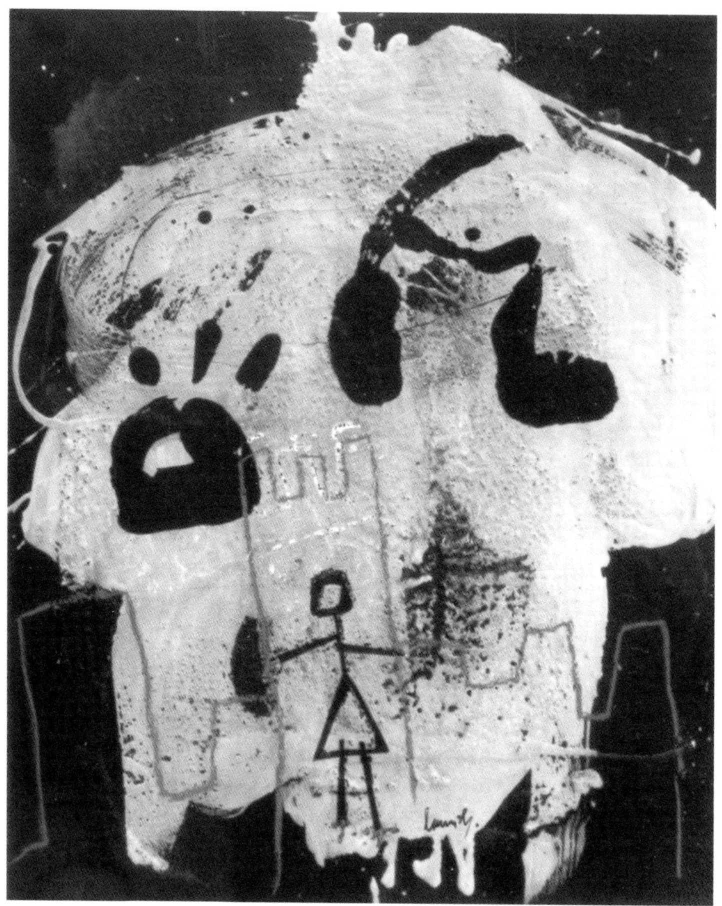

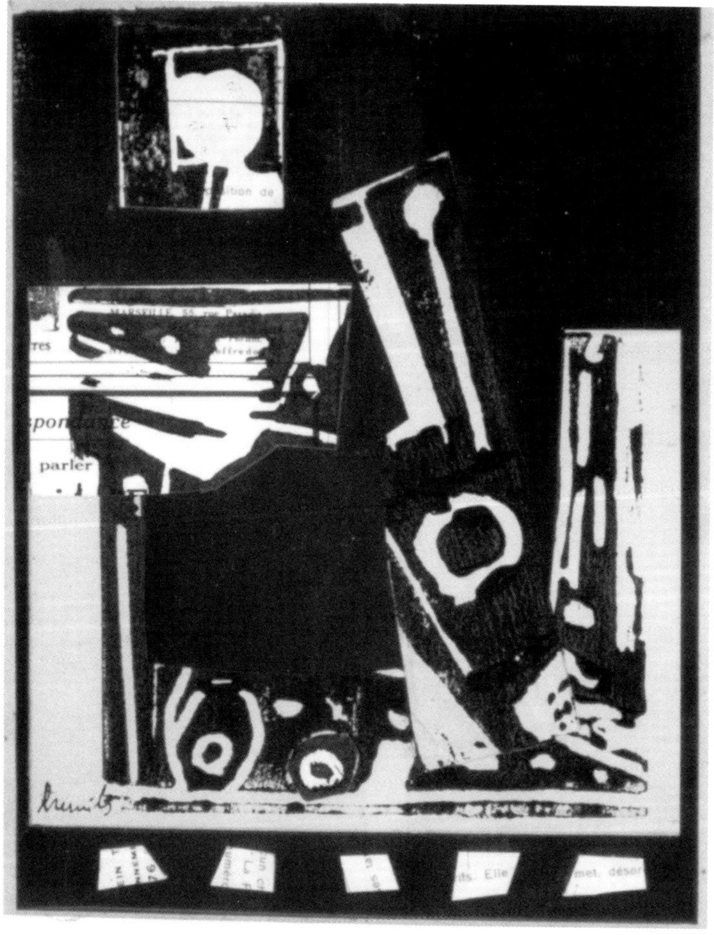

Sergi Barnils nel giardino dei colori puri

Josep M. Cadena

Sergi Barnils è nato il 6 settembre 1954 a Bata, capitale dell'attuale stato della Guinea Equatoriale; quindi le prime luci che vide furono quelle africane. La Guinea Equatoriale era formata inizialmente da un insieme di isole e di territorio continentale occupati dapprima dai portoghesi ed in seguito dagli spagnoli. Questi ultimi instaurarono, a partire dal 1859, un regime coloniale dedito allo sfruttamento dei boschi e alla produzione di cacao, caffè, banane, olio di palma, arachidi e polpa di cocco. La colonia attirò ovviamente molti spagnoli, agricoltori e commercianti, in cerca di fortuna. All'inizio degli anni Trenta, vi arrivò anche il signor Barnils, un catalano di Sant Cugat del Valles, borgo situato nei pressi di Barcellona e sede di uno dei più impressionanti monasteri d'Europa. Il signor Barnils lavorò in Africa per un quarto di secolo; durante uno dei suoi viaggi in Spagna conobbe quella che sarebbe divenuta sua moglie, Natividad Basomba. Stabilitasi a Bata, la coppia ebbe il primo figlio – a cui venne imposto il nome Sergi – nell'umile ospedale della colonia spagnola; quando, nel 1956, il territorio divenne una provincia del Golfo di Guinea, la famiglia Barnils prese la decisione di trasferirsi in Catalogna.

Sergi Barnils Basomba visse a Bata per circa un anno e mezzo. Troppo poco per esserne culturalmente influenzato ma sufficiente perché i cieli delle notti africane e i colori dei fiori locali si fissassero per sempre nel suo animo. Aiutato dalle fotografie dell'album di famiglia ricorda come, secondo una usanza diffusa in Guinea, fosse affidato alla vigilanza di una femmina di scimpanzé addestrata allo scopo, che lo trainava a bordo di una carrozzina e lo proteggeva da ogni pericolo mentre la mamma e il personale erano impegnati nelle faccende domestiche. Questo ricordo riemerse sempre nelle sue fantasticherie fanciullesche, quando la sua mente era popolata da visioni appartenenti ai suoi primi mesi africani, in forma di istantanee slegate fra di loro.

Quando la famiglia decise di trasferirsi a Sant Cugat del Valles, essendo abituata alla libertà delle grandi estensioni, preferì stabilirsi nei dintorni del borgo a contatto della natura. Dall'abitazione dei Barnils si poteva ammirare il massiccio conosciuto come Sierra de Collserola e Sergi ricorda come da bambino godeva della pace che domina le terre del Valles occidentale e dell'emozione che provava di fronte allo spettacolo dei tramonti. Ancora adesso, quando ne parla, con un'espressione tipica da pittore, ribadisce quanto l'arancio-cadmio del sole di quei vespri vibri ancora nel suo spirito. Il paesaggio era senza dubbio ben diverso nei suoi colori e odori da quelli che Sergi Barnils aveva conosciuto nella primissima infanzia. La regione catalana del Valles occidentale ha conosciuto una forte industrializzazione e nel suo territorio vi sono città assai importanti per il settore tessile, come Terrassa e Sabadell; Sant Cugat tuttavia, pur avendo avuto e mantenendo tuttora le sue industrie, che sono tra l'altro in piena crescita, ha sempre conservato un tono rurale di chiara impronta mediterranea. Josep Carner, uno dei poeti catalani più importanti di questo secolo, in una poesia intitolata proprio *Com el Valles no hi ha res* (Non c'è nulla come il Valles) sottolineava in una strofa:

Els cims de la rodalia
Es veuen amarosits
D'una calitja, de dia,
D'una celistia, de nit.

(I monti tutt'intorno/Si senton carezzare/Il giorno dalla nebbia/La notte dalle stelle).

Felice, in un ambiente familiare armonico che cresceva con l'arrivo dei fratelli minori – i genitori ebbero altri cinque figli – Sergi Barnils dimostrò molto presto il desiderio di descrivere il mondo tramite il disegno. Era un bimbo minuto, riservato, sognatore, che si chiudeva nei suoi pensieri e che esprimeva il suo modo di essere con le matite colorate. Per questa ragione i suoi genitori lo iscrissero, all'età di otto anni, ad una scuola d'arte diretta da una signora di nome Teresa Farrés. Ella gli insegnò i rudimenti dell'arte creandogli, tuttavia, i primi problemi con la disciplina e il disegno. La matita, infatti, gli

20 *Dels Sojorn dins les Basíliques de vidre,*
    1991
    Tecnica mista su tela/Mixed media on
    canvas/Mischtechnik auf Leinwand
    120x150 cm

    Gran Basílica, 1992
    Tecnica mista su tela/Mixed media on
    canvas/Mischtechnik auf Leinwand
    73x60 cm

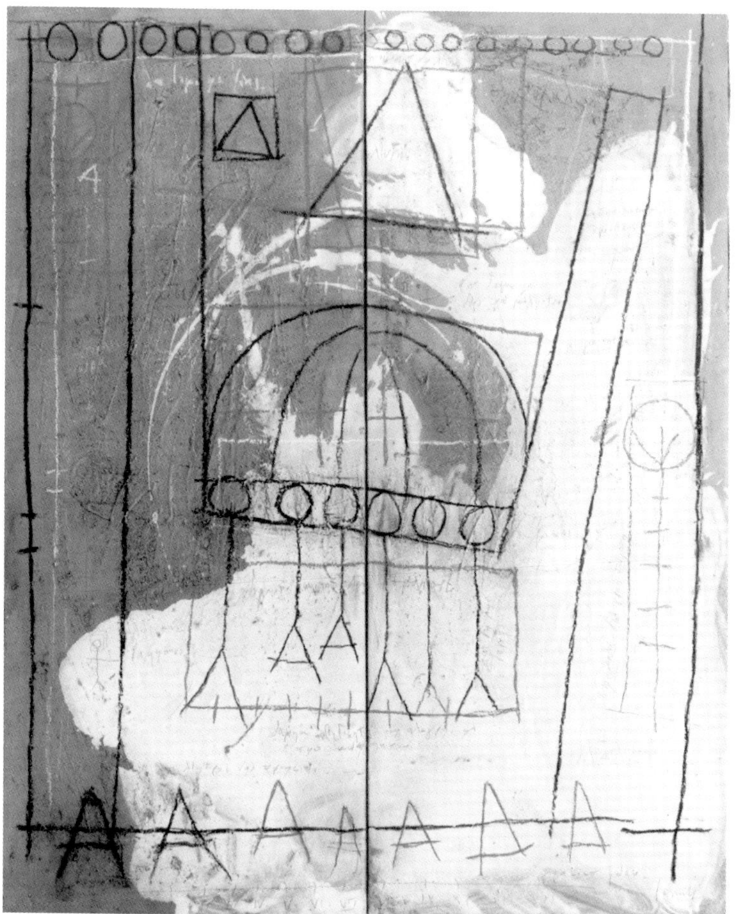

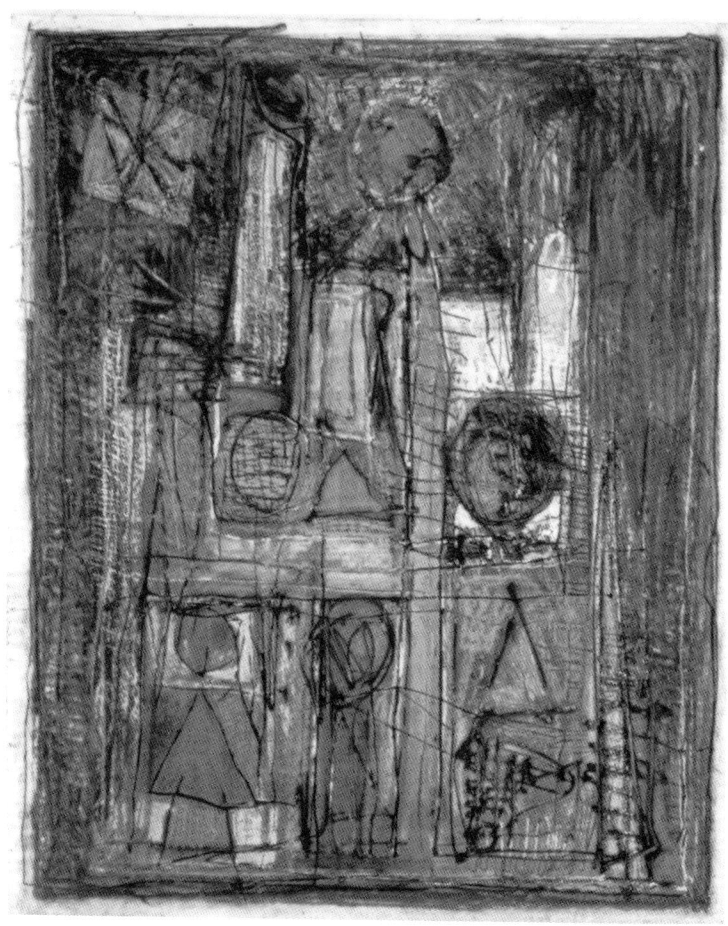

si ribellava in mano e i colori uscivano dai contorni segnati dalla maestra, la quale lo continuava a correggere senza stancarsi. Il bimbo Sergi Barnils non capiva; egli non desiderava disegnare secondo i canoni dell'arte, ma esprimere ciò che aveva dentro di sé e che lo conduceva verso altri mondi, colpevoli però di non essere così ben equilibrati quanto quelli costretti nel tracciato della maestra.

Iscritto al collegio Viarò di Sant Cugat, Sergi Barnils risultò un pessimo studente nelle materie normalmente considerate fondamentali ai fini di una successiva carriera universitaria. La sua introversione si accentuò ed egli divenne oggetto di scherno da parte dei suoi compagni, i quali non comprendevano il suo disinteresse per le lezioni, eccettuate quelle a carattere artistico. Ai loro occhi sembrava attratto proprio da ciò che veniva considerato meno importante – senza per questo eccellere dal punto di vista tecnico.

Il professor Xavier Cabanach, a cui si unirono successivamente i professori Xavier Figueras e Francesc Casademont, accentuò il suo interesse per la disciplina artistica; i tre gli insegnarono a strutturare la figura, a mescolare i colori, a comporre. Con loro si recava in campagna in cerca di motivi da dipingere. Portavano le matite, i colori e i pennelli in vecchie scatole da scarpe da dove uscivano anche le immagini che prendevano corpo e colore sui blocchi di carta. Dopodiché Sergi Barnils tornava a scuola per seguire lezioni alle quali non prestava la minima attenzione; la sua immaginazione lo conduceva oltre la finestra attraverso la campagna.

Il padre incoraggiava la vocazione pittorica di suo figlio. Un Natale gli regalò una cassetta di colori ad olio, un cavalletto e una fornitura di tele di varie dimensioni. Immediatamente Sergi si mise a lavorare e, cosciente di essere ancora un principiante, si esercitò a copiare le opere dei maestri catalani della fine del XIX secolo. Questo confermò il suo desiderio di essere pittore, ribadito inoltre da un premio straordinario ottenuto a dodici anni con una *gouache* ad un concorso nazionale d'arte; contemporaneamente però entrava in un ambito creativo che non era il suo.

Verso i sedici anni, mentre proseguiva di malavoglia gli studi superiori, Sergi Barnils, seguendo l'esempio di sua sorella Yolanda che suonava il piano, si sentì attratto dalla musica. Fu quest'ultima a fornirgli una risposta al desiderio di libertà che sentiva insufficiente nella pittura. Per tre anni suonò per ore ed ore senza stancarsi, con un piacere crescente in misura della maggiore naturalezza che via via acquisiva. Fino ad allora aveva ricercato la via per esaltare le sue capacità pittoriche negli spazi aperti, indagando una realtà che proprio per la sua bellezza rimaneva distante dai suoi ideali. Attraverso la musica cominciò ad affrancarsi dalla fedele rappresentazione della figura e del paesaggio. Sono proprio quelli gli anni in cui scoprì la sua vera identità di pittore, quando, timidamente, cominciò a trasformare quel che vedeva nell'espressione dei suoi sentimenti, non cercando più di tradurre pittoricamente la realtà circostante. Lentamente la pennellata sempre più decisa e sempre meno modellante cominciò ad invadere la tela imponendosi. È pur vero che i paesaggi dipinti in quell'epoca sono debitori della corrente impressionista e di altre cose già viste, ma si ossigenano e si irrobustiscono su un proprio nascosto pensiero creativo.

Superati gli scogli della maturità, Sergi Barnils si iscrisse alla Facoltà di Giurisprudenza. Lo fece per non deludere il padre, il quale, se da una parte lo aiutava nei suoi progetti artistici, dall'altra sperava che, una volta messa la testa a posto e in possesso di un titolo universitario, si sarebbe dedicato all'attività di famiglia, una fabbrica di ceramica per l'edilizia. Seguì i corsi universitari per due anni alla fine dei quali abbandonò la facoltà con conseguente delusione paterna. Adempiuti i doveri militari, il padre lo inserì nel reparto di ceramica artistica della sua industria. Si iscrisse ad una scuola professionale, dove prese lezioni dalla ceramista Angelina Alos. Inoltre frequentò lo studio del pittore Nolasc Valls, un artista quasi ossessionato dalla perfezione del disegno come base della pittura. In quel periodo dipingeva ancora ispirandosi alla natura, ma lentamente cominciò a prescindere dal modello cercando di esprimere i propri sentimenti attraverso il colore.

A questo proposito vorrei ricordare che l'apprendimento degli uomini ad essere se stessi è un processo lento e pieno di difficoltà crescenti. Tutti possono perdersi nella propria "opera" e gli artisti lo sanno in modo particolare. È istruttivo osservare Sergi Barnils nel suo percorso verso la meta, senza che questa fosse ancora esattamente individuata. Di solito la conoscenza avviene riconoscendo la radice delle cose e dando loro un contorno che si ritiene essere quello giusto; nel progresso artistico avviene esattamente il contrario: bisogna spogliare le cose di ciò che sembra essere la loro caratteristica principale, per scoprire una via verso la propria interiorità e convertire in arte ciò che ribolle nel sangue. Per questo il racconto delle rinunce sopportate dal pittore, per evitare strade già percorse, desta sempre un certo interesse. È anche vero che quando l'artista riesce a determinare la propria personale espressione, poco importa conoscere il procedimento che ha permesso di raggiungerla, sempre intimo e perciò non ripetibile. Nonostante ciò il periodo che sto descrivendo è cruciale per la carriera artistica di Sergi Barnils e mi sembra utile conoscerlo.

Nella fabbrica paterna Sergi Barnils rinunciò ad ogni incarico. Preferiva stare nel reparto di ceramica artistica, mentre uno dei suoi fratelli, Ottavio, si occupava della gestione. Quello a cui non rinunciò fu l'avere una propria famiglia; adolescente conobbe Isabel facendone l'amore di tutta una vita. Lei sapeva di doversi adattare ad una persona poco convenzionale, ma la accettò. Durante la cerimonia nuziale venne suonata una composizione per piano che Sergi aveva composto per lei. Sergi e Isabel ebbero tre figli — Alejandro, Elisabet e Clara — cresciuti nella convinzione che i loro genitori costituiscano un'unità indissolubile e che la loro madre appoggi incondizionatamente la vocazione pittorica di Sergi.

La fabbrica di ceramica si trovò in seguito in difficoltà economiche e dovette chiudere in un momento di recessione del settore edilizio in Catalogna. Siccome la sola attività pittorica non gli permetteva di vivere adeguatamente, Sergi Barnils aprì con altre persone un laboratorio di ceramiche popolari catalane. Credeva che ciò gli avrebbe permesso di ottenere mezzi maggiori, riservandosi le ore della sera per uscire a dipingere all'aperto. Quanto più cercava di adeguarsi al mondo reale, tanto meno questo lo interessava e la sua pittura si indirizzò verso l'espressionismo. Alla fine si decise a trasferire il cavalletto nello stesso laboratorio di ceramica, che si risolse a chiudere definitivamente.

Per prendere la decisione di dedicarsi esclusivamente alla pittura furono necessari alcuni fatti significativi. Uno di questi fu che agli inizi degli anni Ottanta tre giovani artisti, Xavier Figueras e Paco Minuesa, pittori, e Pep Codò, scultore, aprirono uno studio vicino al laboratorio di ceramica. Si conobbero, divennero amici e Sergi Barnils entrò in un ambiente artistico che lo aiutò a chiarire le sue idee e a cercare una sua personalità definitiva . Per quanto Sergi Barnils continuasse ad avere difficoltà nel relazionarsi con gli altri (più che parlare, taceva), l'ascolto di teorie e opinioni contrapposte, paradossalmente, gli diede la sicurezza necessaria per confidare maggiormente in ciò che sentiva piuttosto che in quello che vedeva. La solitudine nella quale si era andato forgiando il suo spirito artistico (insoddisfatto da tutto ciò che aveva finora appreso e seguito), incominciò a incrinarsi. Le ore di veglia e di lavoro cominciarono a dare i propri frutti in opere nelle quali, timidamente, il colore interiore penetrava nelle forme esteriori.

Altro fatto significativo fu un viaggio a Maiorca in compagnia del pittore Daniel Codorniu, realizzato nel 1990, durante il quale fece la conoscenza del mercante d'arte tedesco Klaus Drobig. Costui si interessò alla sua opera e gli propose di esporre presso il Centro d'Arte Sa Estaciò, situato nella città di Sineu. Barnils vi aveva già esposto in diverse occasioni, però intuì che quella mostra avrebbe potuta essere un'occasione fondamentale per la sua carriera artistica. E così fu, poiché da quel momento la sua pittura cominciò a essere diffusa in Germania.

Fu quindi solo al principio degli anni Novanta che Sergi Barnils cominciò a dedicarsi completamente alla pittura. Aveva trentacinque anni, età nella quale un artista è ancora giovane ma deve già avere individuato il suo stile. Così fu per lui. Il suo impulso coloristico — quello che gli veniva dall'infanzia e che tante volte avrebbe voluto essere in grado di dominare — si ordinò all'interno di strutture che si riferivano sempre più alla corte medievale e allo spirito romantico. Disegnò una torre e in quella vi apparve una dama che, prigioniera di persone malvagie, invocava aiuto. Per lui questa immagine divenne il simbolo dell'anima che lotta per uscire dalla prigione del corpo. In questo modo non si limitava a svolgere una pittura autobiografica, che si chiude su se stessa nella soluzione del proprio problema, ma si impegnava a trattare il tema perenne della lotta fra spirito e materia. Utilizzando la tecnica dell'encausto, cominciò a costruire tutto un mondo di torri, chiavi, scale e aquiloni dentro a giardini dai colori scintillanti. I giardini erano il paradiso terrestre, il posto in cui la dama immaginaria — metafora per indicare la sua sensibilità -, doveva vivere per essere sempre felice...

Sergi Barnils ha suddiviso quest'opera in sei cicli. Il primo tratta della prigionia ed è chiamato "I muri della sostanza materiale"; il secondo descrive le forme e le costruzioni che appaiono durante il cammino fino ai giardini intuiti ed è denominato "Configurazioni dei sentieri fino alla stanza luminosa"; il terzo è lo studio analitico di queste costruzioni ed è chiamato "Studio di Conformazioni"; il quarto vuole essere l'esaltazione del prodigio dell'Universo uscito dalle mani del Supremo Creatore e si intitola "Del Prodigioso Ordine Cosmico"; il quinto tratta dei giorni felici della dama nel suo giardino e si intitola "Carte dell'Allegria del Vivere"; il sesto, al quale sta lavorando in questo periodo, consiste nella visita al giardino e ad altri giardini intesi come luoghi nei quali ogni scoperta vitale è possibile. Parte di quello che sembrava dimentica-

Del gran dia de l'alliberament, 1992
Tecnica mista su tavola/Mixed media on
wooden panel/Mischtechnik auf Tafel
90x70 cm

El camí del sojorn Lluminós, 1992
Tecnica mista su tela/Mixed media on
canvas/Mischtechnik auf Leinwand
73x60 cm

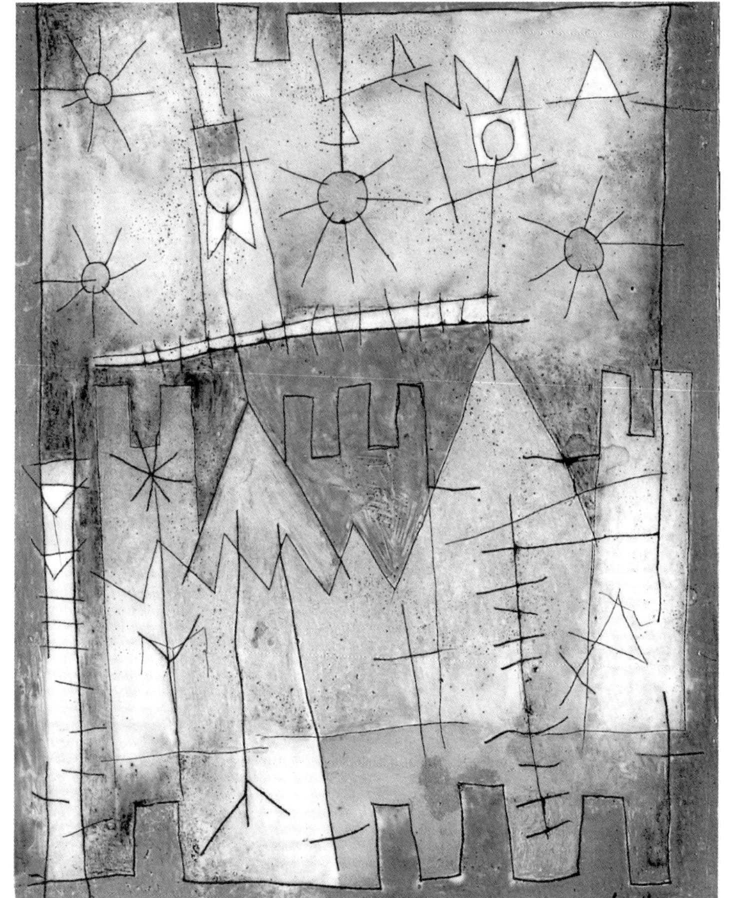

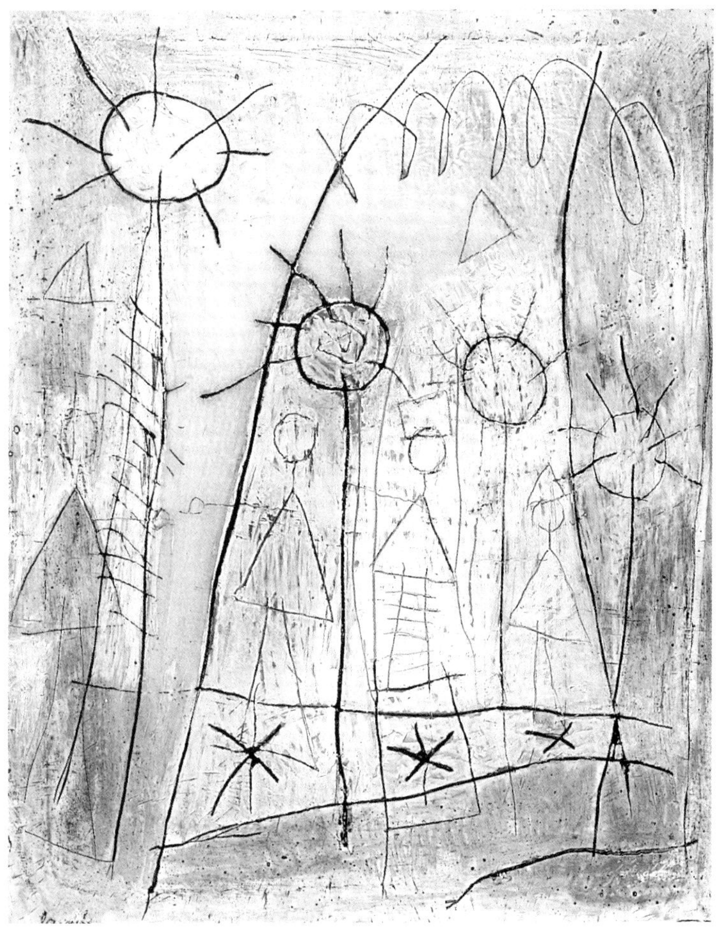

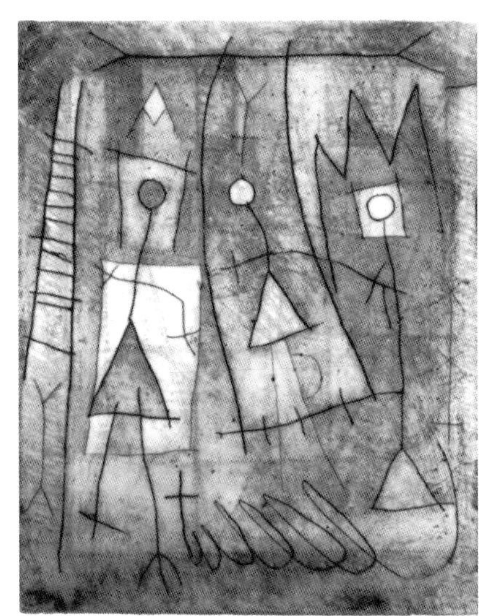

Tres dames abans de l'alliberació, 1993
Tecnica mista su tela/Mixed media on
canvas/Mischtechnik auf Leinwand
73x60 cm

to dalla dama, nonostante fosse sempre stato presente, una volta recuperatane la memoria può arrivare fino alla esaltazione del blu come ambito nel quale tutto si muove, e nello stesso tempo incarnarsi nelle singole emozioni – i distinti colori del suo giardino. Fedele ed entusiasta servitore della dama il pittore costruisce un mondo proprio di felicità cromatiche.

Mentre provvedeva a questa opera, Sergi Barnils ebbe conferma di essere sulla strada giusta. A Sant Cugat il gallerista e promotore artistico Josep Canals gli procurò numerose esposizioni; la gallerista Lourdes Jjareguì lo presentò in diverse fiere di arte contemporanea europee; Klaus Drobig continuò a diffondere i suoi dipinti a Berlino e Amburgo; la galleria Am Opernring sta ora preparando la sua presentazione in Austria e contemporaneamente l'italiano Marco Rossi promuove la sua opera in Italia attraverso la galleria Spirale Arte. Barnils è oggi in un momento di espansione perché ha trovato la pace interiore – il giardino dai colori intensi nel quale si trova felice la sua dama – che gli permette di rapportarsi con ciò che appartiene alla sua autentica personalità. È intensamente libero e per questo riesce a sintetizzare le culture primigenie, figlie di una naturalezza in costante accrescimento, con una tecnica e uno stile nati in ambito europeo; per questo lo si può qualificare come costruttivista, simbolista ed anche surrealista. Non credo vi sia nulla di coscio nella sua forma, anche se Barnils conosce la teoria e sa come applicarla. Egli parte proprio dalla felicità data dal recupero del suo personale paradiso perduto, il suo giardino delle Esperidi nel quale le sensazioni primarie ritrovano il loro flusso naturale pur esprimendosi attraverso la cultura occidentale acquisita.

Sergi Barnils è un pittore in piena fioritura in quello che sente come un giardino. Una fioritura che è di idee e non solo di colori. Nella sua patria estetica, quella che lo fa essere felicemente creativo – perché sta nel posto giusto, al margine di realtà che considerava aggressive, non riconosciute come proprie – sono contenute tutte le altre patrie nelle quali si era andato formando e che si riassumono adesso nella sua concezione di pittore europeo che ama e comprende tutte le altre culture.

Sergi Barnils in the Garden of Pure Colors

Josep M. Cadena

Sergi Barnils was born on 6 September 1954 in Bata, the capital of the present-day state of Equatorial Guinea: the first light he saw was therefore that of Africa. Equatorial Guinea was initially formed of a series of islands and a part of the mainland occupied first by the Portuguese and later by the Spanish. From 1859, the Spanish established a colonial regime centered on the exploitation of the forests and the production of cocoa, coffee, bananas, palm oil, peanuts and coconut pulp. The colony naturally attracted many Spanish farmers and merchants in search of fortune. At the beginning of the Thirties, there arrived a certain Señor Barnils, a Catalan from Sant Cugat del Valles, a village near Barcelona famous for its impressive monastery. Señor Barnils worked in Africa for twenty-five years; during one of his trips back to Spain he met Natividad Basomba, the woman who was to become his wife. Having settled in Bata, the couple had their first child, christened Sergi, in the humble hospital of the Spanish Colony. In 1956, when the territory became a province of the Gulf of Guinea, the Barnils family decided to move back to Catalonia.

Sergi Barnils Basomba lived in Bata for about a year and a half. Too little to be cultu-rally influenced but enough for the skies of the African nights and the colors of the local flowers to become fixed forever in his soul. With the help of a family photo album, he recalls how, according to a custom that was widespread in Guinea, he was entrusted to the care of a female chimpanzee who pushed him round in a pram and protected him from danger while his mother and the staff were busy with the housework. This memory always returned during his childhood fancies, when his mind was populated by snapshot-like visions of his first months in Africa.

When the family decided to move to Sant Cugat del Valles, since they were used to the freedom of wide spaces they chose to live in the countryside near the village. From the Barnils home it was possible to admire the massif known as the Sierra de Collserola, and Sergi remembers how as a young boy he used to enjoy the peace that dominated the lands of Western Valles and the emotion he felt at the spectacular sunsets. Still now he repeats, with an expression typical of a painter, how much the cadmium orange of those twilights still vibrates in his spirit. The landscape was undoubtedly very different, in its colors and its smells, from those he had known in his very early infancy. The Catalonian region of Western Valles had seen intense industrialization, and within its territory there were important textile-manufacturing cities such as Terrassa and Sabadell; Sant Cugat, on the other hand, although it has had and continues to have flourishing industries, has always maintained a typically Mediterranean rural character. Josep Carner, one of the most important Catalan poets of this century, wrote the following stan-za in a poem entitled *Com el Valles no hi ha res* (There is nothing like the Valles):

Els cims de la rodalia
Es veuen amarosits
D'una calitja, de dia,
D'una celistia, de nit.

(The hills all around/Feel the caresses/By day of the mist/By night of the stars).

In a happy and harmonious family environment which grew with the arrival of his youn-ger siblings – his parents had five other children – Sergi Barnils very soon manifested the desire to depict the world through drawing. He was a tiny child, reserved and dreamy, who cut himself off in his own world and expressed himself with colored pen-cils. For this reason his parents enrolled him, at the age of eight, in an art school run by a woman called Teresa Farrés. She taught him the rudiments of art, also creating, howe-ver, his first problems with discipline and drawing. The pencils, in fact, rebelled in his hands, and the colors crossed the outlines traced by his teacher, who continued tireles-sly to correct him. The young Sergi did not understand; he did not want to draw accor-ding to the canons of art, but to express that which was inside him and which led him

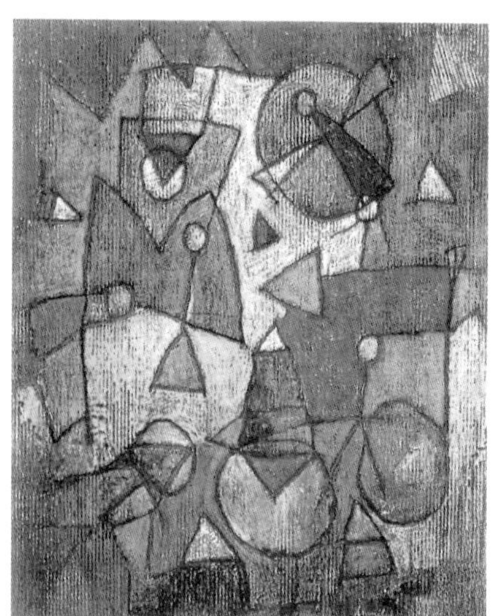

Dama volandera per damunt del monticle roig, 1994
Tecnica mista su cartone ondulato/Mixed media on corrugated card-board/
Mischtechnik auf Wellpappe
110x89 cm

to other worlds, guilty however of not being as well balanced as those contained within the outlines of the teacher.

At the Viarò school in Sant Cugat, Sergi Barnils proved to be a very poor student in the subjects normally considered essential in order to go on to study at university. His introversion grew, and he became the object of gibes from his schoolmates, who did not understand his lack of interest in all lessons except arts subjects. In their eyes, he was attracted by what was considered least important – without even excelling in it from a technical point of view.

His teacher Xavier Cabanach, later joined by Xavier Figueras and Francesc Casademont, developed his interest in the discipline of art. The three of them taught him to give structure to figures, to mix colors, and to compose. He went with them to the countryside in search of subjects to paint. They carried pencils, paints and brushes in old shoe boxes from which there also emerged the images that took shape on the sheets of paper. After which Sergi Barnils went back to school to attend lessons in which he showed not the slightest bit of interest; his imagination led him through the window back into the country.

Sergi's father encouraged his artistic vocation. One Christmas he gave him a box of oil paints, an easel and a supply of canvases of various sizes. Sergi immediately set to work; aware that he was still a beginner, he practiced by copying the works of the Catalan masters of the late 19th century. This confirmed his desire to be a painter, which was further encouraged when, at the age of twelve, he won a special prize in a national art competition with a *gouache*. At the same time, however, he entered a creative environment which was not his own.

Towards the age of sixteen, as he continued his secondary school studies with little enthusiasm, he began to feel attracted by music, following the example of his sister Yolanda, who played the piano. It was music which responded to his desire for freedom, which he did not feel sufficiently in painting. For three years he played for hours and hours, never tiring, his pleasure growing as he gradually began to play more naturally. Up to then he had searched for the way to exalt his talent for painting in open spaces, investigating an environment which by its very beauty remained far from his ideals. Through music he began to free himself from the faithful representation of figures and landscapes. This was the period in which he discovered his true identity as a painter, when he began, timidly, to transform what he saw into the expression of his feelings, no longer trying to translate his surroundings into painting. Slowly his brush-stroke, increasingly more firm and less shaping, began to take over the canvas. It is true that the landscapes he painted during this period were influenced by the impressionist current and other things from the past, but they took life and strength from his own hidden creative instinct.

Having overcome the obstacle represented by his final school exams, Sergi Barnils enrolled at the Faculty of Law, in order not to disappoint his father: while encouraging his plans to be an artist, his father also hoped that once his son had settled down and obtained his degree, he would devote himself to the family business, a ceramics factory supplying the building industry. He attended university courses for two years, after which he left the faculty, much to his father's disappointment. After finishing his national service, his father employed him in the art ceramics section of his business. He enrolled at a professional school, where he took lessons from the ceramist Angelina Alos. At the same time he frequented the studio of the painter Nolasc Valls, an artist almost obsessed with the perfection of drawing as the foundation of painting. During this period he continued to paint nature subjects, but he slowly began to set aside the model and try to express his feelings through the use of colors.

At this point, it is worth remembering that the process of learning to be one's self is long and full of growing difficulties. It is easy to become lost in one's own work, a fact which artists are only too aware of. It is interesting to observe Sergi Barnils on his path towards his goal, before the goal had been identified precisely. Usually knowledge comes through recognizing the roots of things and giving them the framework we believe to be right. In artistic development, exactly the opposite happens: it is necessary to rid things of what seems to be their main characteristic, in order to find a path towards one's own interior self and to convert into art that which boils in the blood. For this reason the story of the sacrifices made by the painter to avoid paths already taken always arouses a certain interest. It is also true that when an artist succeeds in determining his own personal form of expression, it is of little importance to know the process which allowed him to do so, a process that is always personal and therefore unrepeatable. Despite this, the period I am describing is crucial for Sergi Barnils' artistic career, and it seems to me useful to know about it. In his father's factory, Sergi gave up all his duties, preferring to stay in the art ceramics section while one of his brothers, Ottavio, took care

Dels camins del sojorn i de les seves dames,
1994
Tecnica mista su tavola/Mixed media on
wooden panel/Mischtechnik auf Tafel
116x89 cm

Dels aparells d'enlairament, 1994
Olio su tela/Oil on canvas/Öl auf Leinwand
92x73 cm

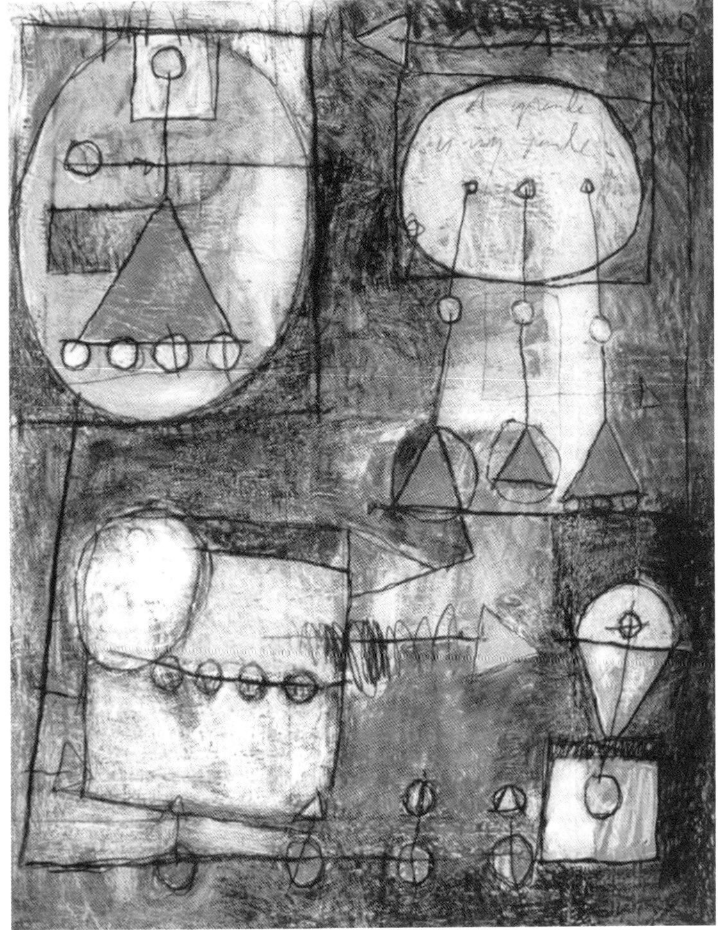

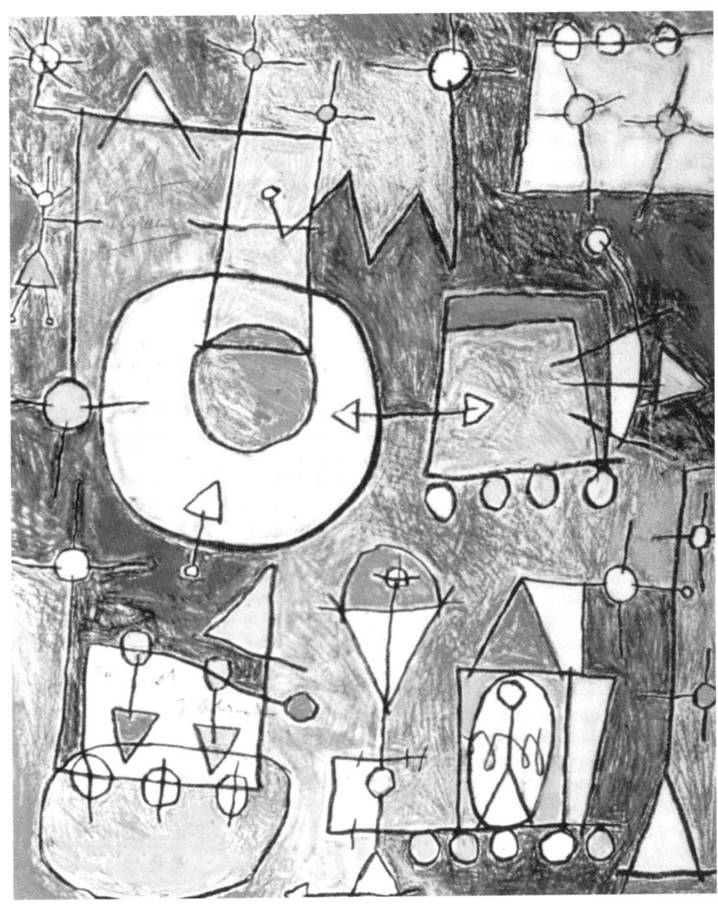

28 *Dama amb estel d'enlairament*, 1994
Tecnica mista su tela/Mixed media on
canvas/Mischtechnik auf Leinwand
73x60 cm

Signífer de les cel.les del nivell inferior, 1994
Tecnica mista su carta/Mixed media on
paper/Mischtechnik auf Papier
55x76 cm

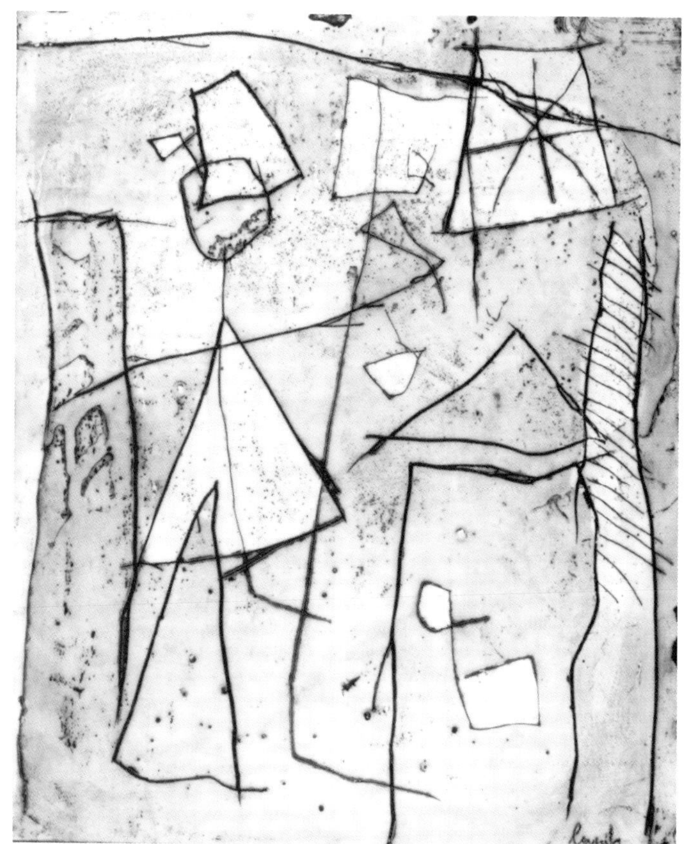

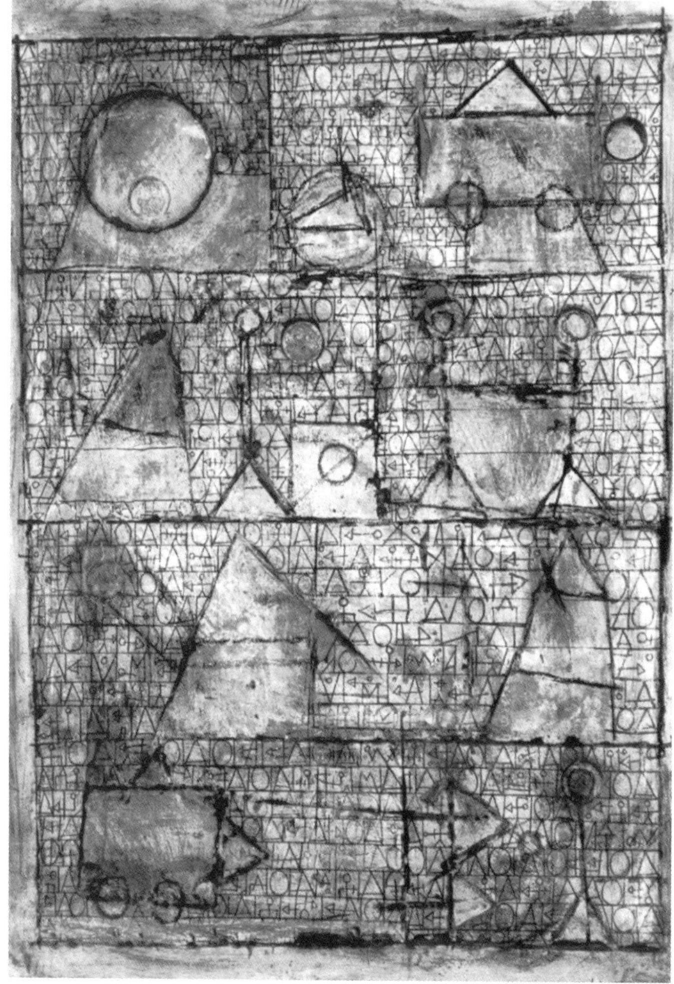

of management. What he did not give up was a family of his own: as an adolescent he met Isabel, and she became the love of his life. She knew she would have to adapt to a person who was rather unconventional, but agreed to do so. During the wedding a piano piece was played, composed by Sergi for his wife. Sergi and Isabel had three children – Alejandro, Elisabet, and Clara – who grew up with the conviction that their parents were an indivisible unit and that their mother gave her unconditional support to Sergi's vocation as a painter.

The ceramics factory later met with financial difficulty and was forced to close during a period of recession in the building sector in Catalonia. Since painting alone did not allow him to make a reasonable living, together with several other people Sergi Barnils opened a workshop for traditional Catalonian pottery. He thought that this would allow him to earn more, leaving him time to paint in the open air in the evenings. The more he tried to adapt to the real world, the less it interested him and the more his painting turned towards expressionism. In the end he made up his mind to take his easel to the pottery workshop, which he decided to close forever.

Before coming to the decision to devote himself entirely to painting, a number of significant events had made it possible. One of these was that, at the beginning of the Eighties, three young artists – the painters Xavier Figueras and Paco Minuesa and the sculptor Pep Codò – opened a studio near the pottery workshop. They met and became friends, and Sergi Barnils entered an artistic environment that helped him to work out his ideas and find his own personality. Although he still found difficulty relating to other people (he would be silent rather than speak), listening to conflicting theories and opinions gave him the confidence, paradoxically, to place more trust in what he felt than in what he saw. The solitude in which he had shaped his artistic spirit (dissatisfied with everything he had learnt or followed up to now) began to recede. The hours of work began to bear fruit in works in which the interior color began shyly to emerge in the exterior forms.

Another significant event was a trip to Majorca in 1990 in the company of the painter Daniel Codorniu. During the trip he met the German art merchant Klaus Drobig, who took an interest in his work and invited him to exhibit at the Sa Estaciò Art Centre in the city of Sineu. Barnils had already done several exhibitions there, but realized that this one could be a unique opportunity for his artistic career. He was right, from this time on his painting was to become well-known in Germany.

It was, therefore, only at the beginning of the Nineties that Sergi Barnils began to devote himself completely to painting. He was thirty-five years old, an age at which an artist is still young, but must already have identified his own style. This was the case with Barnils. His impulse for colors – which came from his childhood, and which so often he would have liked to be able to control – was ordered within structures that increasingly

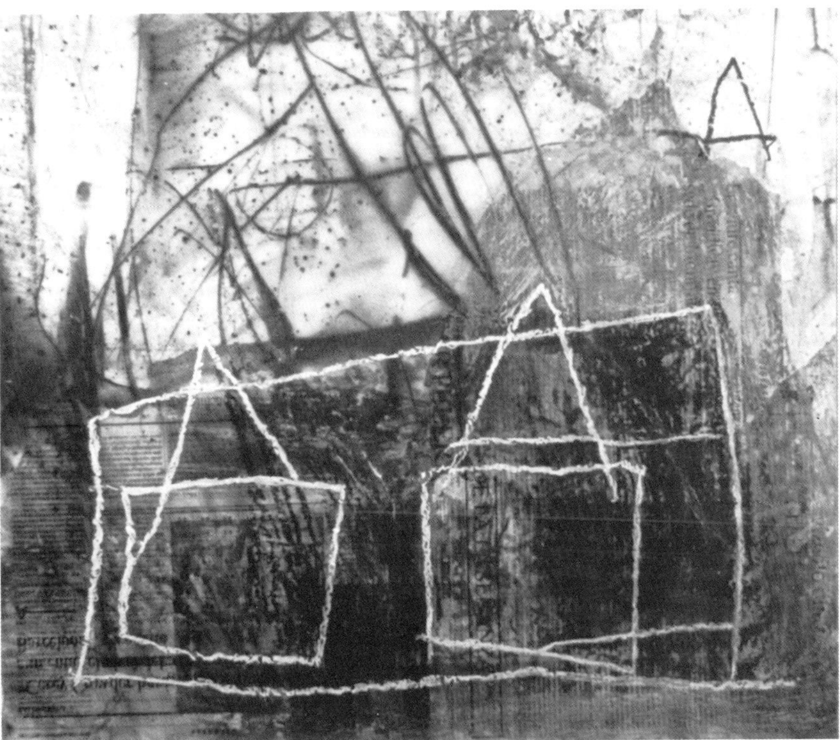

Visió desde les cel.les del nivell inferior,
1994
Tecnica mista su cartone/Mixed media on
card-board/Mischtechnik auf Karton
50x60 cm

referred to the medieval court and the romantic spirit. He drew a tower and within it there appeared a damsel, the prisoner of evil people, calling for help. For Barnils this image became the symbol of the soul struggling to escape from the prison of the body. In this way he did not restrict himself to an autobiographical form of painting, which closes in on itself in the solution of his own problem, but set about addressing the age-old theme of the struggle between the soul and the body. Using the encaustic technique, he began to build a whole world of towers, keys, stairways and kites inside brightly colored gardens. The gardens were the terrestrial paradise, the place in which the imaginary damsel – the metaphor of his sensibility – had to live in order to be eternally happy... Sergi Barnils divided this work into six cycles. The first deals with the imprisonment and is called "The walls of material substance"; the second describes the forms and the constructions that appear during the path to the gardens, and is called "Configurations of the paths up to the luminous room"; the third is the analytic study of these constructions, and is called "Study of Conformations"; the fourth is the exaltation of the prodigy of the Universe made by the Supreme Creator, and is entitled "Of the Prodigious Cosmic Order"; the fifth deals with the happy days of the damsel in her garden, and is entitled "Charts of the Joy of Life"; the sixth, which he is currently working on, consists in the visit to the garden and to other gardens seen as places in which any vital discovery is possible. Part of that which seemed to be forgotten by the damsel, although it had always been present, once recovered by the memory can reach as far as the exaltation of blue as the environment in which everything moves, and at the same time can be embodied in single emotions – the distinct colors of the garden. A faithful and enthusiastic servant of the damsel, the painter builds his own world of chromatic happiness.

While he was working on the cycle, Sergi Barnils had confirmation of the fact that he was on the right road. In Sant Cugat, the gallery-owner and art promoter Josep Canals arranged numerous exhibitions for him; the gallery-owner Lourdes Jaureguì introduced him in various contemporary art fairs around Europe; Klaus Drobig continued to sell his paintings in Berlin and Hamburg; the Am Opernring Gallery is about to present his work in Austria, and at the same time Marco Rossi is promoting his work in Italy at the Galleria Spirale Arte. Barnils is now in a moment of expansion because he has found the inner peace – the garden of intense colors in which his damsel is so happy – which allows him to relate to that which belongs to his own real personality. He is intensely free, and for this reason manages to combine primitive cultures, the fruits of a constantly increasing naturalness, with a technique and style born in a European environment. For this reason he could be labeled as a constructivist, a symbolist, and also a surrealist. I don't think that there is anything conscious in his forms, although Barnils knows the theory and how to apply it. He starts out precisely from the happiness brought about by the recovery of his personal lost paradise, his garden of the Hesperides in which primary sensations return to their natural flux despite being expressed through acquired European culture.

Sergi Barnils is a painter in full bloom in that which he feels as a garden. A bloom of ideas, and not only of colors. His aesthetic homeland, that which makes him happily creative, because he is in the right place, on the edge of realities that he considered aggressive and did not recognize as his own, contains all the other homelands in which he had developed, and which are now summed up in his conception of a European painter who loves and understands all other cultures.

Dels aparells d'enlairament i la seva regió,
1994
Olio e grafite su tavola/Oil and graphite on
wooden panel/Öl und Graphit auf Tafel
81x65 cm

Dels llacs que envolten el jardí groc, 1994
Olio su cartone/Oil on card-board/Öl auf
Karton
116x89 cm

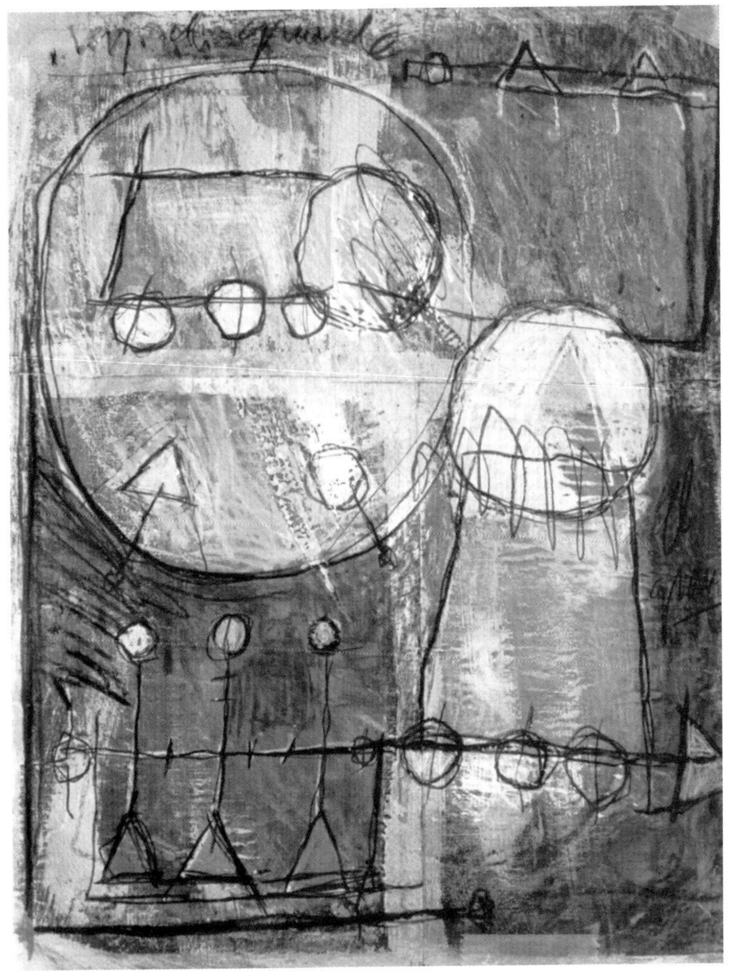

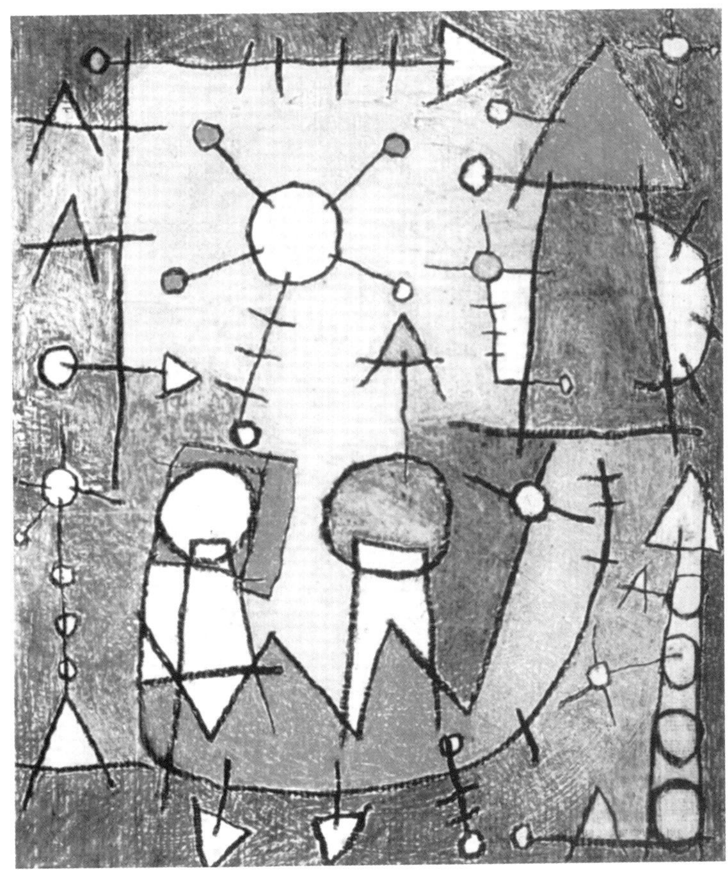

32 *Dels incomptables camins que condueixen al*
Gran Sojorn Lluminós, 1994
Tecnica mista su tavola/Mixed media on
wooden panel/Mischtechnik auf Tafel
98x81 cm

Entrada a l'esfera que coneix els
esdeveniments inescrutables, 1994
Tecnica mista su tavola/Mixed media on
wooden panel/Mischtechnik auf Tafel
100x81 cm

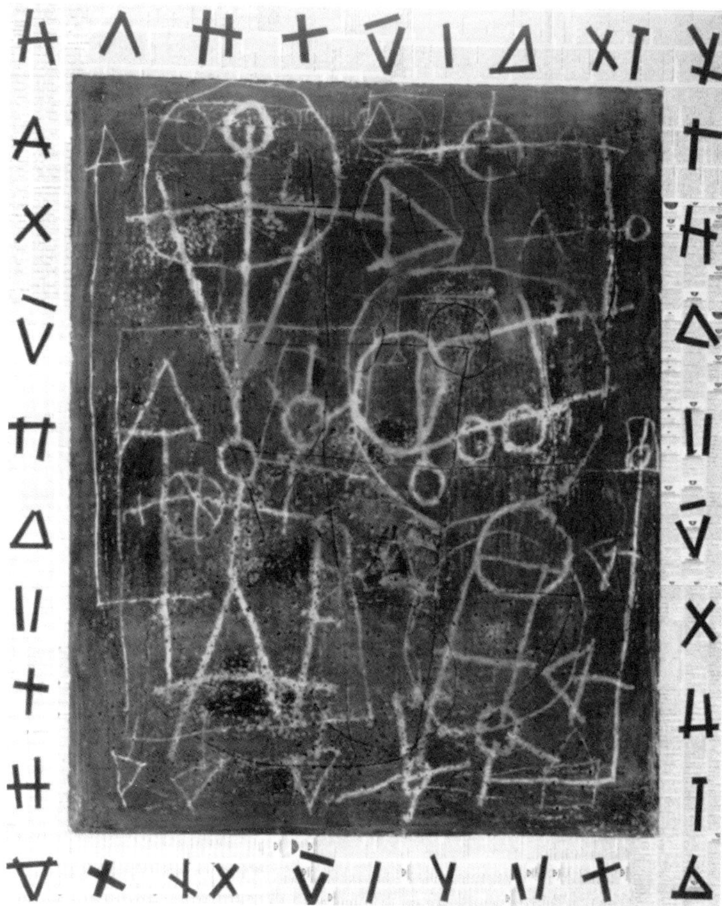

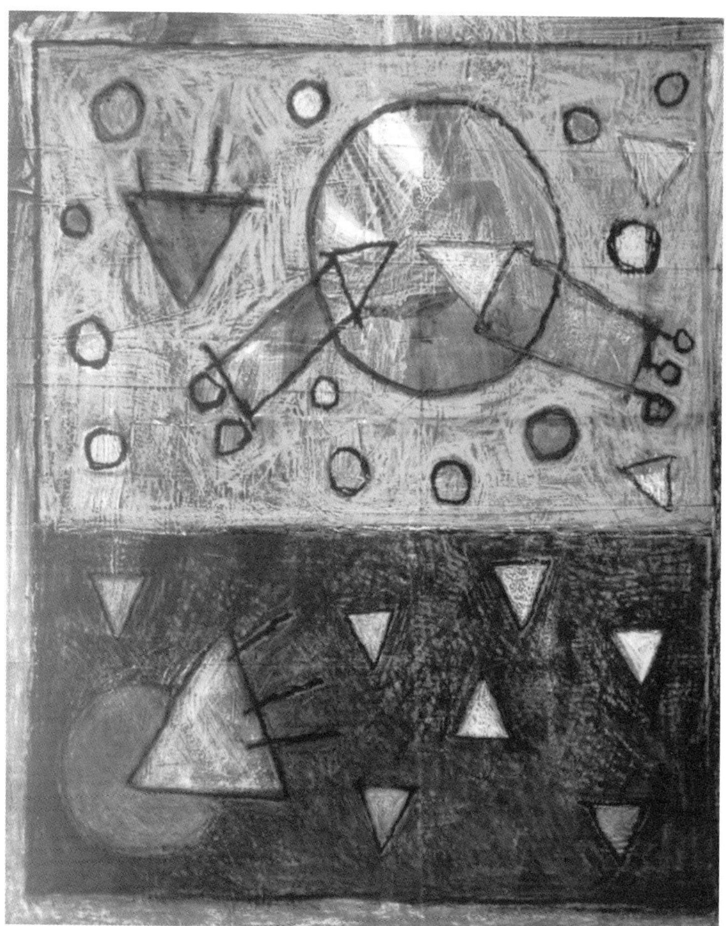

Sergi Barnils - Im Garten der Reinen Farben

Josep M. Cadena

Sergi Barnils wurde am 6. September 1954 in Bata, der Hauptstadt des heutigen Staates Äquatorialguinea geboren. Das erste also, was er sah, war das Licht Afrikas. Äquatorialguinea war ursprünglich ein Gebilde aus Inseln und Festlandsgebieten, die zunächst von den Portugiesen und in der Folge von den Spaniern besetzt wurden. Letztere begründeten von 1859 an eine Kolonialherrschaft, die sich auf die Nutzung der Wälder und auf die Produktion von Kakao, Kaffee, Bananen, Palmöl, Erdnüssen und Kokosmark spezialisierte. Natürlich zog die Kolonie zahlreiche Spanier an – besonders Bauern und Kaufleute – die hier ihr Glück versuchten. Anfang der 30er Jahre ließ sich auch der Vater von Sergi Barnils hier nieder. Barnils war ein Katalane aus Sant Cugat del Valles, einem kleinen Ort unweit von Barcelona, Sitz eines der beeindruckendsten Klöster Europas. Er arbeitete in der Folge ein Vierteljahrhundert in Afrika. Während einer Spanienreise lernte er Natividad Basomba kennen, seine spätere Ehefrau. Nachdem sich das Paar in Bata niedergelassen hatte, kam schon bald der erste Sohn zur Welt. Er erhielt den Namen Sergi. Als das Gebiet 1956 eine Provinz von Guinea wurde, entschloß sich die Familie, nach Katalonien zurückzukehren.

Sergi Barnils Basomba lebte ungefähr eineinhalb Jahre lang in Bata – zu wenig Zeit, um kulturell beeinflußt zu werden, aber dennoch lange genug, um die Himmel der afrikanischen Nächte und die Farben der regionalen Blumenpracht für immer in sich aufzunehmen. Unterstützt durch die Fotografien des Familienalbums erinnert er sich, daß er gemäß einer in Guinea weitverbreiteten Gewohnheit einem Schimpansenweibchen zur Obhut anvertraut wurde, das ihn in einem Wägelchen zog und vor jeder Gefahr in Schutz nahm, während die Mutter und das Dienstpersonal mit anderen häuslichen Tätigkeiten beschäftigt waren. Diese Erinnerung bildete ein zentrales Motiv seiner jugendlichen Träumereien, die in der Form von unzusammenhängenden Momentaufnahmen seine ersten Lebensmonate in Afrika widerspiegelten.

In Sant Cugat del Valles bevorzugte es die Familie, die an die Freiheit der weiten Natur gewohnt war, sich außerhalb des Orts anzusiedeln. Vom Wohnhaus der Barnils aus konnte man das Felsmassiv der Sierra de Collserola bewundern, und Sergi erinnert sich gut daran, wie er als Kind den Frieden genoß, der über den Valles Occidentales herrschte, und wie ihn das Schauspiel der Sonnenuntergänge in seinen Bann schlug. Noch heute, wenn er in der für einen Maler so typischen Art davon spricht, betont er, wie das Kadmiumgelb dieser Sonnenfeste immer noch in seinem Geist vibriert. Diese Landschaft war zweifelsohne sowohl der Farben als auch hinsichtlich der Düfte ganz anders als jene, die er in seiner frühesten Kindheit kennengelernt hatte. Die Region der Valles Occidentales erlebte eine intensive Industrialisierung. In ihr liegen zahlreiche bedeutende Städte der Textilindustrie wie Tarrasa und Sabadell. Sant Cugat indes konnte trotz der dort angesiedelten und nach wie vor expandierenden Industriebetriebe seinen landschaftlichen, mediterranen Charakter beibehalten. Josep Carner, einer der bedeutendsten katalanischen Dichter unseres Jahrhunderts, unterstrich dies in einem Gedicht mit dem Titel *Com el Valles no hi ha res* (Nichts ist wie die Valles). Hier eine Strophe:

Els cims de la rodalia
Es veuen amarosits
D'una calitja, de dia,
D'una celistia, de nit.
(Die Berge ringsum/fühlen sich liebkost/von der Hitze der Tag/von den Sternen die Nacht)

In einem harmonischen Elternhaus, daß durch die Ankunft der jüngeren fünf Geschwister immer mehr anwuchs, machte gar glückliche Sergi schon bald auf seinen Wunsch aufmerksam, die Welt durch die Zeichnung zu beschreiben. Er war ein schmächtiges, introvertiertes und verträumtes Kind, das sich in seine Gedankenwelt einschloß und sein innerstes Wesen durch Farbstifte zum Ausdruck bringen wollte. Aus diesem Grund schrieben ihn die Eltern im Alter von acht Jahren an einer Kunstschule ein, die von einer

Frau namens Teresa Farrés geleitet wurde. Sie führte ihn in die Grundlagen der Kunst ein, wobei sich bereits damals die ersten Probleme mit der Disziplin und mit der Zeichnung einstellten. Der Bleistift widersetzte sich seiner Hand und die Farben traten über die von der Lehrerin vorgegebenen Umrisse hinaus. Teresa Farrés jedoch fuhr unbeirrt fort, ihn zu korrigieren. Das Kind verstand nichts von alledem. Sergi Barnils wollte nicht nach den Regeln der Kunst zeichnen, sondern ausdrücken, was er in sich fühlte und was ihn in andere Welten entführte – in Welten, die sich indes schuldig fühlten, da sie nicht so ausgewogen waren wie diejenigen seiner Lehrmeisterin mit ihren klaren Begrenzungen. Sergi Barnils besuchte in der Folge das Gymnasium Viaró von Sant Cugat. In den Fächern, die man gewöhnlich als wichtige Voraussetzung für eine spätere Universitätslaufbahn ansieht, war er ausgesprochen schlecht. Seine Introvertiertheit verstärkte sich. Seine Schulkameraden verspotteten ihn, da sie sein Desinteresse für alle Unterrichtsfächer, die nichts mit Kunst zu tun hatten, nicht verstanden. In ihren Augen ereiferte er sich für allgemein als unwichtig erachtete Dinge – und in technischer Hinsicht konnte er ihres Erachtens ebenfalls nicht brillieren.

Seine Lehrer Xavier Cabanach, Xavier Figueras und Francesc Casademont bestärkten jedoch sein Interesse für die Kunst. Sie lehrten ihn, die Figur zu gliedern, die Farben zu mischen und zu komponieren. Auf der Suche nach lohnenden Motiven begab er sich gemeinsam mit ihnen aufs Land. Bleistifte, Farben und Pinsel packten sie in alte Schuhkartons, in denen auch die Bilder aufbewahrt wurden, die auf den Blättern der Skizzenblöcke Gestalt und Farbe annahmen. Danach kehrte Sergi in die Schule zurück, um an einem Unterricht teilzunehmen, der ihn nicht im geringsten interessierte. Seine Gedanken wanderten durchs Fenster hinaus in die Weite der Landschaft.

Der Vater förderte die künstlerischen Neigungen seines Sohns. Zu Weihnachten schenkte er ihm einen Ölfarbkasten, eine Staffelei und einen Satz Leinwände unterschiedlichen Formats. Im Bewußtsein, noch ein Anfänger zu sein, ging Sergi sofort an die Arbeit. Er übte sich, indem er Werke der katalanischen Meister des 19. Jahrhunderts kopierte.

Sein Wunsch, Maler zu werden, wurde immer stärker. Zusätzlich bestärkt wurde er durch den Gewinn eines Sonderpreises, den man ihm als Zwölfjährigen bei einem nationalen Kunstwettbewerb für eine Gouache zuerkannte. Damals bewegte er sich jedoch in einem kreativen Umfeld, das nicht das seine war.

Mit 16 Jahren – widerwillig führte er seine Gymnasialstudien fort – zog es ihn stark zur Musik hin. Motivierend in dieser Richtung wirkte vermutlich das Vorbild seiner Schwester Yolanda, die Klavier spielte. In der Musik eröffnete sich ihm eine Antwort auf seinen Wunsch nach Freiheit, den ihm die Malerei nur unzureichend erfüllen konnte. Drei Jahre lang spielte er unermüdlich Stunde um Stunde, wobei seine Freunde am Musizieren mit der erlangten Natürlichkeit seines Spiels kontinuierlich anwuchs. Bis zu diesem Zeitpunkt suchte er sein malerisches Können ausschließlich im Freien auszuspielen. Er untersuchte eine Wirklichkeit, die sich seinen Idealen gerade aufgrund ihrer Schönheit nicht annähern ließ. Seine musikalischen Erfahrungen führten nun dazu, daß er sich von der naturgetreuen Darstellung der Figur und der Landschaft immer mehr befreite. Es waren dies die Jahre, in denen er seine wirkliche Identität als Maler entdeckte. Nur zögernd begann er, seine Seheindrücke in den Ausdruck seiner Gefühle umzuwandeln und nicht mehr nur in gemalte Abbilder der Realität zu übersetzen. Allmählich eroberte ein immer bestimmterer und immer weniger modellierender Pinselstrich die Leinwand. Es ist richtig, daß die Landschaftsbilder jener Jahre vom Impressionismus und anderen Tendenzen beeinflußt sind. Doch bereits diese Gemälde kreisen immer stärker um das noch verborgene eigene kreative Denken.

Nachdem er die Hürden des Abiturs genommen hatte, schrieb sich Sergi Barnils an der juristischen Fakultät ein. Er wollte seinen Vater nicht enttäuschen, der einerseits seine künstlerischen Projekte förderte, andererseits jedoch hoffte, der Sohn werde nach dem Abflauen seiner jugendlichen Hirngespinste und nach der Erlangung eines Universitätstitels in den Familienbetrieb – eine Fabrik für Baukeramik – eintreten. Sein Entschluß, das Studium nach zwei Jahren aufzugeben, war für den Vater eine herbe Enttäuschung. Nach Erfüllung der Militärpflicht steckte er ihn in die künstlerische Keramikwerkstatt seiner Fabrik. Sergi besuchte eine Fachschule und nahm bei der Keramikerin Angelina Alòs Unterricht. Ferner war er häufiger Gast im Atelier des Malers Nolasc Valls, der in gleichsam obsessiver Weise die Zeichnung perfektionierte, da er sie als Grundlage der Malerei ansah. Barnils malte in diesen Jahren nach wie vor Bilder, die von der Natur inspiriert waren. Erst allmählich begann er, vom Modell abzusehen und seinen Gefühlen durch die Farbe Ausdruck zu verleihen.

In diesem Zusammenhang möchte ich daran erinnern, daß es ein langer und immer schwieriger werdender Prozeß ist, zu sich selbst zu finden. Dabei geschieht es allzu leicht, sich im eigenen „Werk" zu verlieren – und gerade Künstler wissen, wovon ich spreche. Es ist diesbezüglich aufschlußreich, Sergi Barnils auf dem Weg zu seinem Ziel

Dels jardins que contenen els grans llacs,
1994
Olio su tela/Oil on canvas/Öl auf Leinwand
116x89 cm

Dels jardins oblidats, 1995
Olio su tela/Oil on canvas/Öl auf Leinwand
92x73 cm

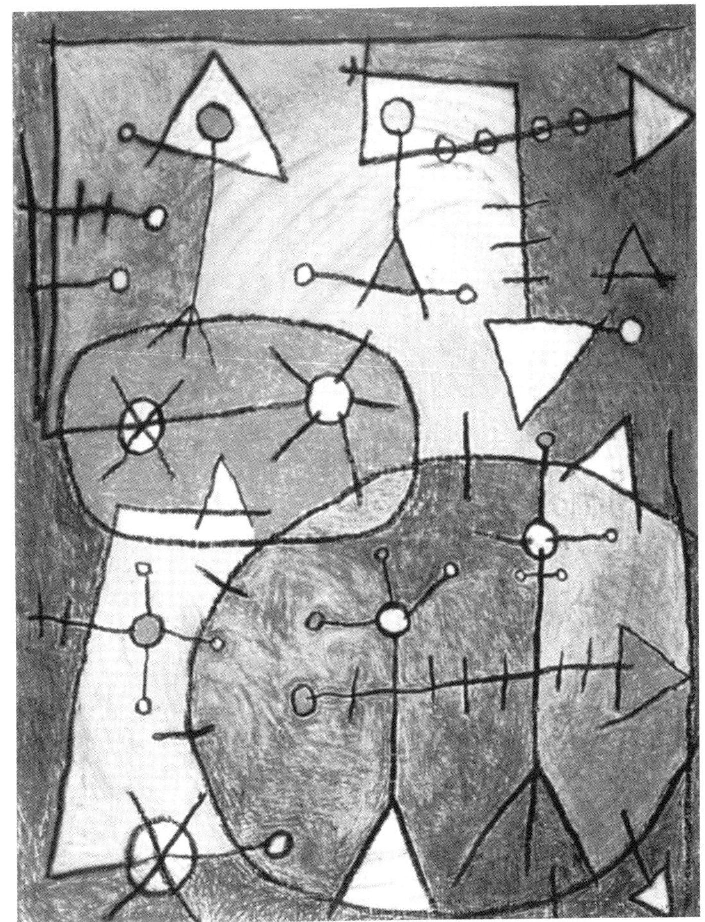

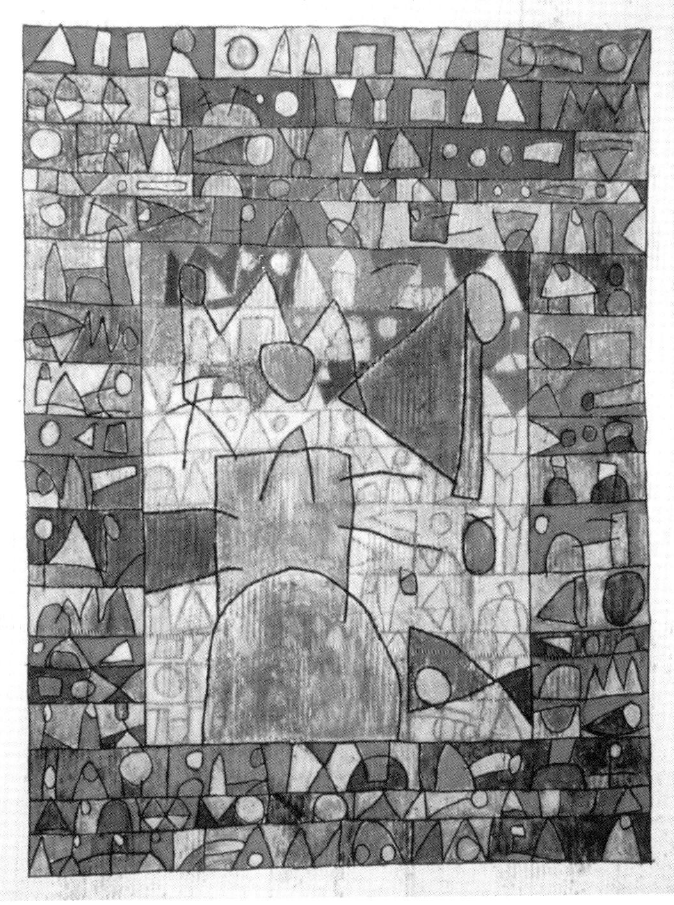

36   *De les darreres concepcions*, 1995
      Tecnica mista su tavola/Mixed media on
      wooden panel/Mischtechnik auf Tafel
      81x65 cm

      Papers de l'alegria de viure, 1995
      Tecnica mista su carta incollata su
      legno/Mixed media on paper sticked on
      wood/Mischtechnik auf Papier, auf Holz
      aufgeklebt
      81x65 cm

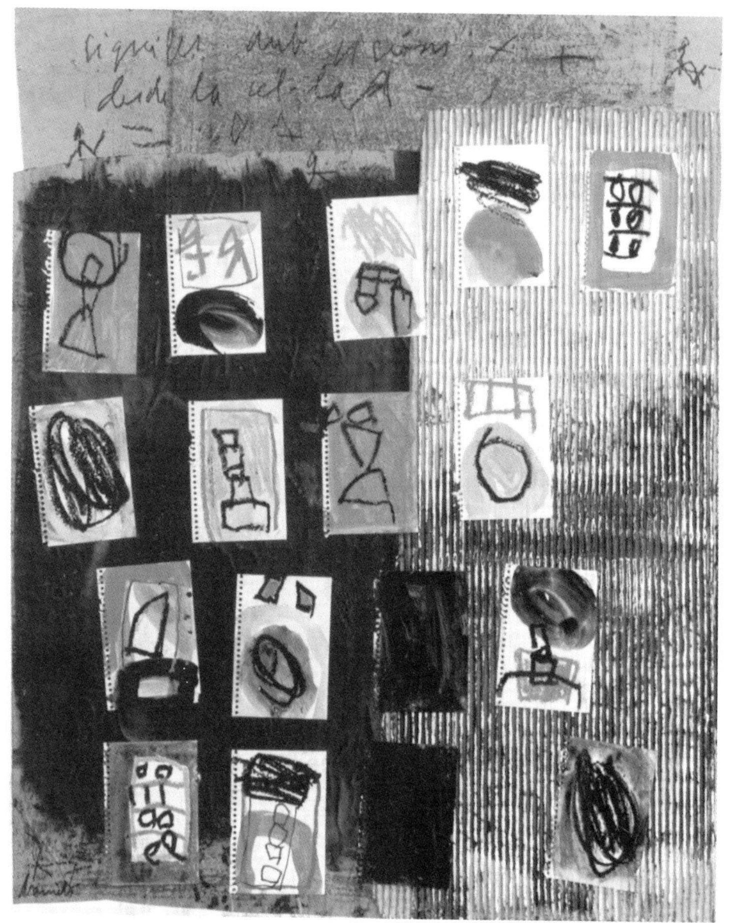

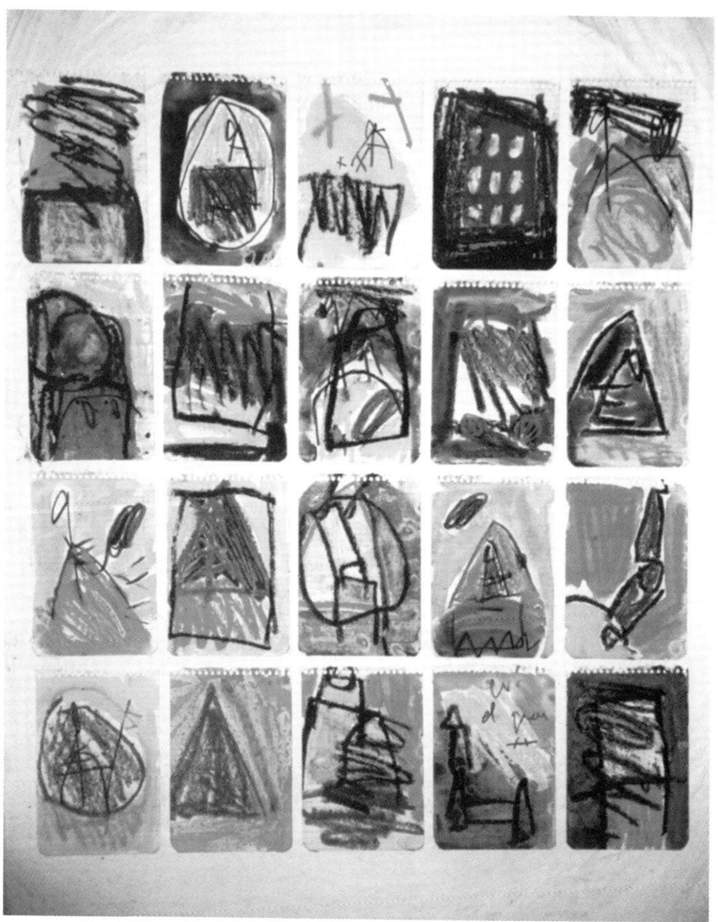

zu beobachten, ohne daß dieses schon klar definiert gewesen wäre. Die Kenntnis der Dinge vermittelt sich gewöhnlich dadurch, daß man ihre Wurzel erkennt und sie im richtigen Kontext beurteilt. Beim künstlerischen Fortschritt erfolgt genau das Gegenteil: man muß die Dinge ihrer charakteristischsten Aspekte entledigen, um einen Weg zum innersten Selbst zu finden und genau das in Kunst verwandeln, was das Blut in Wallung versetzt. Die leidvollen Verzichte eines Künstlers, um bereits ausgetretene Pfade zu vermeiden, wecken immer ein gewisses Interesse. Gelingt es dem Künstler indes, seine eigenste persönliche Ausdruckssprache zu finden, so ist es relativ gleichgültig, auf welche Weise er sein Ziel erreicht hat. Sie wird immer individuell und daher unvergleichlich sein. Die erwähnte Epoche war von entscheidender Bedeutung für die künstlerische Entwicklung von Sergi Barnils, und es erscheint nützlich, sie näher kennenzulernen. In der väterlichen Fabrik verzichtete er auf eine leitende Stellung. Er zog es vor, in der künstlerischen Werkstatt zu arbeiten, während sein Bruder Ottavio die Geschäfte führte. Er verzichtete jedoch nicht darauf, eine eigene Familie zu gründen. Seine Jugendliebe Isabel wurde die Frau seines Lebens. Isabel wußte, daß sie sich an eine unkonventionelle Persönlichkeit wie Sergi anpassen mußte, und akzeptierte ihn so wie er war. Bei der Hochzeit wurde ein Klavierstück vorgetragen, das Sergi für sie komponiert hatte. Sergi und Isabell bekamen drei Kinder – Alejandro, Elisabet und Clara. Sie wuchsen im Bewußtsein auf, daß ihre Eltern eine unauflösliche Einheit bilden und daß ihre Mutter die künstlerische Berufung ihres Vaters bedingungslos unterstützt.

In der Folge geriet die Keramikfabrik in finanzielle Schwierigkeiten und mußte aufgrund der anhaltenden Rezession im Baugewerbe ganz schließen. Da er durch seine Malerei allein den Lebensunterhalt der Familie nicht sichern konnte, gründete Sergi Barnils gemeinsam mit anderen Personen eine Werkstatt für volkstümliche katalanische Keramik. Er glaubte, dadurch wirtschaftlich unabhängig zu werden, und wollte die Abendstunden dazu nutzen, im Freien zu malen. Je mehr er sich aber der Wirklichkeit anzupassen suchte, um so weniger interessierte sie ihn. So wandte er sich dem Expressionismus zu. Schließlich entschloß er sich, die Keramikproduktion ganz einzustellen und die Werkstatt als Atelier zu nutzen. Ausschlaggebend für die Entscheidung, sich ganz der Malerei zu widmen, waren verschiedene bezeichnende Faktoren. Einer davon war, daß Anfang der 80er Jahre drei junge Künstler – die Maler Xavier Figueras und Paco Minuesa sowie der Bildhauer Pep Codò – in der Nähe der Keramikwerkstatt ein Atelier eröffneten. Man lernte sich kennen und schloß Freundschaft. Barnils kam in Kontakt mit einem künstlerischen Ambiente, das ihm half, sich über seine Ideen klar zu werden und seine eigene Persönlichkeit weiterzuentwickeln. Wiewohl Sergi Barnils nach wie vor eher Probleme hatte, mit anderen in Beziehung zu treten (er zog es meist vor, zu schweigen), so gaben ihm die gegensätzlichen Theorien und Meinungen paradoxerweise die nötige Sicherheit, in der Folge mehr auf das zu vertrauen, was er fühlte, und nicht mehr nur auf das, was er sah. Die Einsamkeit, in der sich sein künstlerischer Geist formte (unzufrieden mit dem, was er bisher angenommen und verfolgt hatte), bekam Risse. Die schlaflosen Nächte und die Stunden der Arbeit zeitigten erste Früchte. Anfangs noch schüchtern begannen die inneren Farben, die malerischen Formen zu durchdringen.

Ein weiterer Faktor war eine Mallorca-Reise im Jahr 1990 zusammen mit dem Maler Daniel Codorniu und die Bekanntschaft mit dem deutschen Kunsthändler Klaus Drobig. Dieser interessierte sich für seine Arbeit und schlug ihm vor, seine Werke im Kunstzentrum Sa Estaciò in Sineu zu zeigen. Obwohl Barnils schon früher dort ausgestellt hatte, ahn-

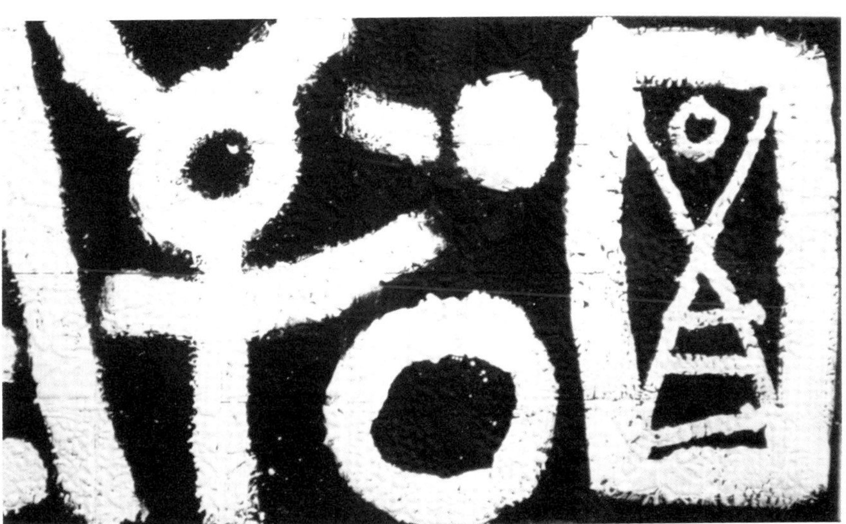

Del cicle: *Configuracions del camí del Sojorn Lluminós*, 1996
Olio su terracotta/Oil on terracotta/Öl auf Terrakotta
58x99 cm

te er, daß gerade diese Präsentation von entscheidender Bedeutung für seine weitere künstlerische Karriere sein würde. Und in der Tat wurde sein Werk von diesem Zeitpunkt an auch in Deutschland bekannt.

Es war also erst Anfang der 90er Jahre, daß sich Sergi Barnils ausschließlich der Malerei widmete. Er war 35 Jahre alt – ein Alter, in dem ein Künstler noch jung ist, aber dennoch bereits seinen individuellen Stil gefunden haben muß. Dies war bei ihm der Fall. Sein koloristischer Impuls – der ihn Zeit seiner Kindheit in Atem hielt und den er schon so oft zu zähmen versucht hatte – ordnete sich in Strukturen, die sich immer mehr den mittelalterlichen Höfen und dem Geist der Romantik annäherten. Er zeichnete einen Turm, in dem eine Dame von bösen Gestalten gefangengehalten wird und um Hilfe fleht. Dieses Bild wurde für ihn zum Symbol der Seele, die ankämpft, um dem Gefängnis des Körpers zu entfliehen. Auf diese Weise beschränkte er sich nicht bloß auf eine autobiografisch informierte Malerei, die sich durch die Lösung eines individuellen Problems ihre eigenen Begrenzungen auferlegt, sondern setzte sich vielmehr mit dem ewigen Thema des Kampfs zwischen Geist und Materie auseinander. In der Technik der Enkaustik begann er, eine Welt aus Türmen, Schlüsseln, Treppen und Adlern inmitten farbenprächtiger Gärten zu entwerfen. Die Gärten waren das irdische Paradies, der Ort, an dem die imaginäre Dame – Metapher seiner eigenen Sensibilität – leben mußte, um immerfort glücklich zu sein...

Sergi Barnils unterteilte dieses Werk in sechs Zyklen. Der erste handelt vom Gefängnis und trägt den Titel „Die Mauern der materiellen Substanz"; der zweite –„Konfiguration der Wege bis zur Kammer des Lichts" – beschreibt die Formen und die Gebäude, die den Weg in die Wundergärten säumen; der dritte ist die analytische Untersuchung dieser Gebäude und heißt „Studie der Konformationen"; der vierte feiert das aus den Händen des Schöpfers entlassene Wunderwerk des Universums und heißt „Von der wunderbaren kosmischen Ordnung"; der fünfte behandelt die glücklichen Tage der Dame in ihrem Garten – „Blätter der Freude des Lebens"; der sechste, an dem der Künstler im Moment arbeitet, präsentiert den Besuch im Garten und in anderen Gärten – als Ort, an dem jede das Leben betreffende Entdeckung möglich ist. Er ist Teil dessen, was die Dame vergessen zu haben scheint, obwohl es stets existiert hat. Die Erinnerung daran kann bis zur Verherrlichung der Farbe Blau gehen – als Bereich, in dem alles in Bewegung ist. Oder sie kann sich im selben Moment in einzelnen Emotionen manifestieren – in den verschiedenen Farben ihres Gartens. Als getreuer und leidenschaftlicher Diener der Dame entwickelt der Maler eine eigene Welt – ein Reich des chromatischen Glücks.

Während der Entstehung dieses Werks festigte sich in Sergi Barnils die Überzeugung, auf dem richtigen Weg zu sein. In Sant Cugat vermittelte ihm der Galerist und Kunstförderer Josep Canals zahlreiche Ausstellungen. Die Galeristin Lourdes Jaureguì präsentierte sein Werk auf verschiedenen zeitgenössischen europäischen Kunstmessen. Klaus Drobig verbreitet seine Bilder weiterhin in Berlin und Hamburg. Die Galerie Am Opernring bereitet momentan eine erste Ausstellung in Österreich vor, während Marco Rossi sein Werk in der Galleria Spirale Arte in Italien vorstellt. Barnils befindet sich heute in einem Moment der Expansion, weil er den inneren Frieden gefunden hat – den Garten aus intensiven Farben, in dem seine Dame ihr Glück genießt –, der es ihm ermöglicht, sich mit dem zu vergleichen, was Teil seiner authentischen Persönlichkeit ist. Er ist ausgesprochen frei, und es gelingt ihm daher, die ursprünglichen Kulturen – die Töchter einer kontinuierlich wachsenden Natürlichkeit – miteinander zu verbinden, wobei die Technik und der Stil im europäischen Kontext entstanden sind. Man kann ihn als Konstruktivisten, aber auch als Symbolisten und als Surrealisten bezeichnen. Ich glaube, daß seine Form nichts Bewußtes vorstellt, auch wenn Barnils die Theorie genau kennt und diese auch anzuwenden versteht. Er geht von der Glückseligkeit aus, die ihm sein wiederentdecktes verlorenes Paradies beschert – sein Garten der Hesperiden, in dem die ursprünglichen Empfindungen ihr natürliches Gleichgewicht wiedererlangen, auch wenn sich alles in den Formen der westlichen Kultur ausdrückt.

Bezüglich dessen, was Barnils als Garten empfindet, ist er ein Maler in voller Blüte. Ein Erblühen von Ideen und nicht nur von Farben. Seine ästhetische Heimat – die ihn glücklich kreativ sein läßt, da sie am rechten Ort angesiedelt ist, am Rand der Realitäten, die er als aggressiv erachtete und als nicht zu ihm gehörig erkannte – beinhaltet alle anderen Heimaten, aus denen heraus er sich entwickelte und die zusammenfließen in seiner Vorstellung vom europäischen Maler, der alle anderen Kulturen liebt und zu verstehen sucht.

Del cicle: *De les murades de la substància material*, 1996
Tecnica mista su tavola/Mixed media on wooden panel/Mischtechnik auf Tafel
81x65 cm

Del cicle: *Configuracions del camí del Sojorn Lluminós*, 1996
Tecnica mista su tela/Mixed media on canvas/Mischtechnik auf Leinwand
81x65 cm

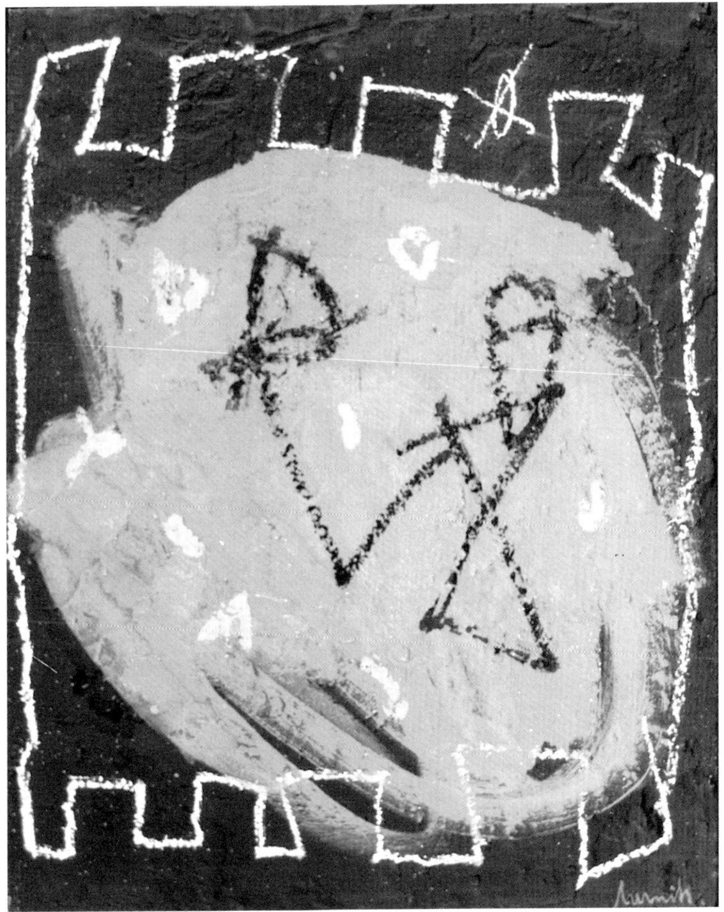

Opere
Works
Werke

De les estructures, 1996
Tecnica mista su carta/Mixed media on
paper/Mischtechnik auf Papier
110x75 cm

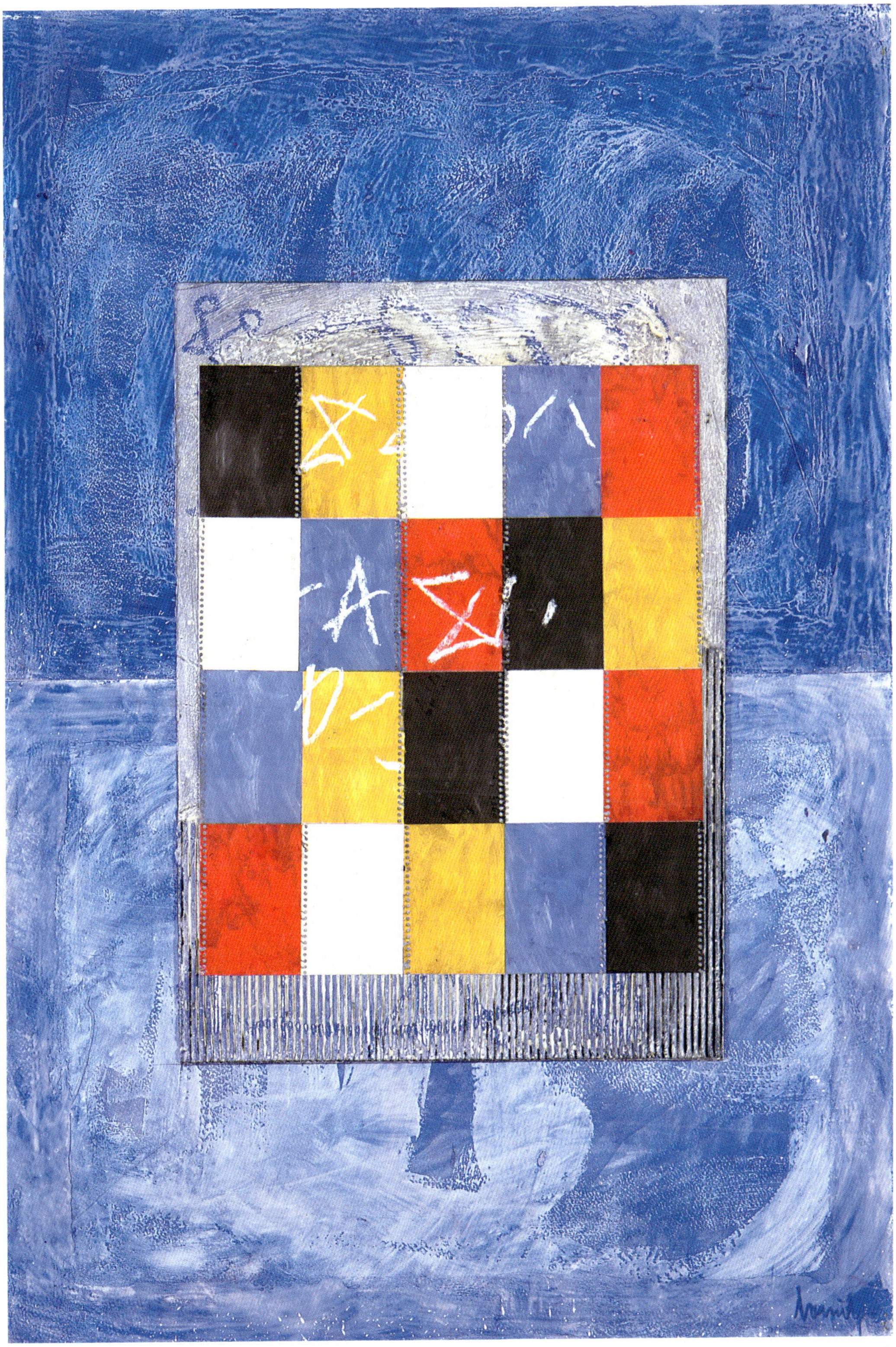

Dels jardins oblidats i els seus rierols, 1995
Tecnica mista su tavola/Mixed media on
wooden panel/Mischtechnik auf Tafel
99x65 cm

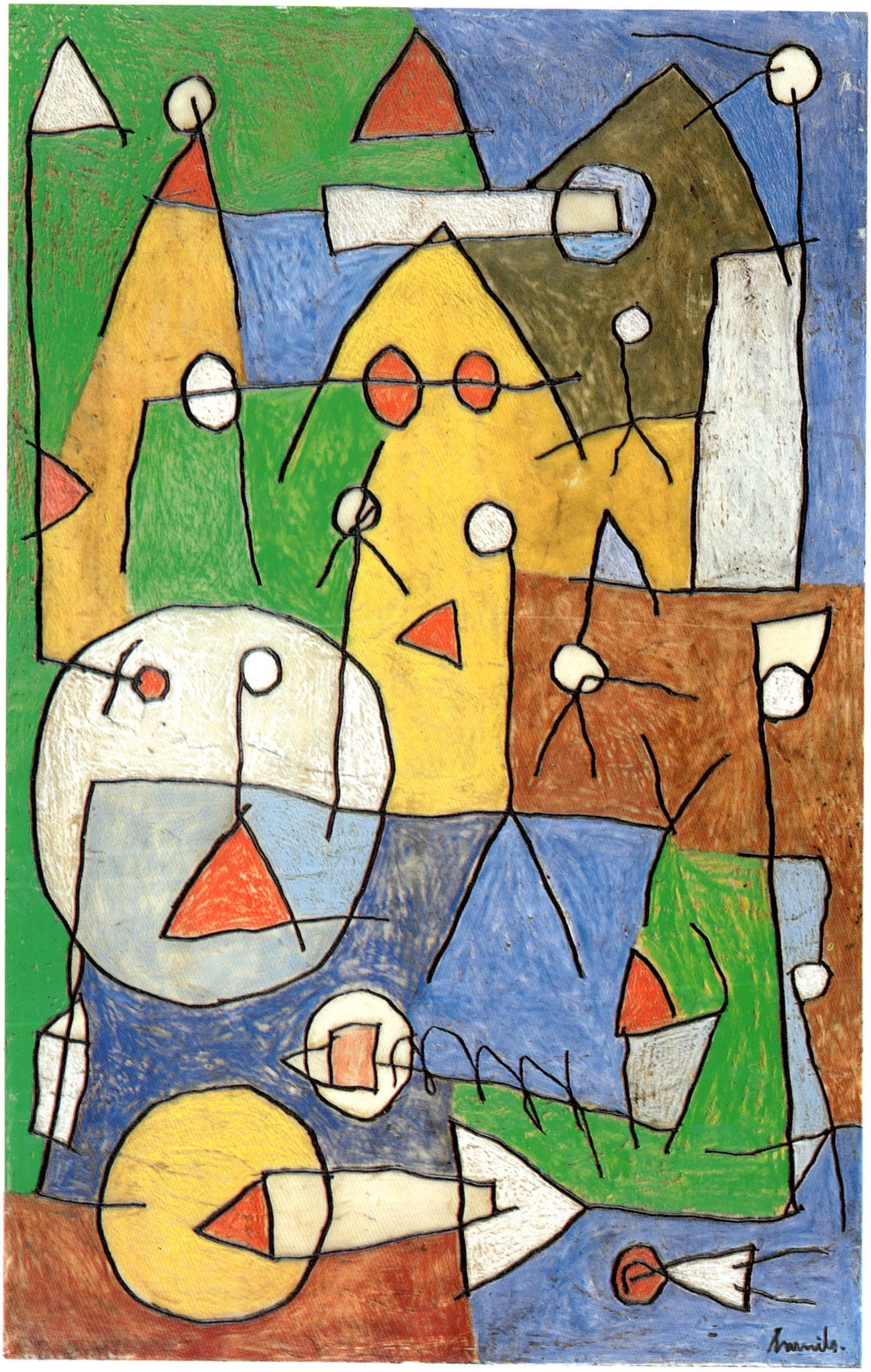

Deu estadis de l'alegria de viure,
1997
Tecnica mista su tavola/Mixed media on
wooden panel/Mischtechnik auf Tafel
81x65 cm

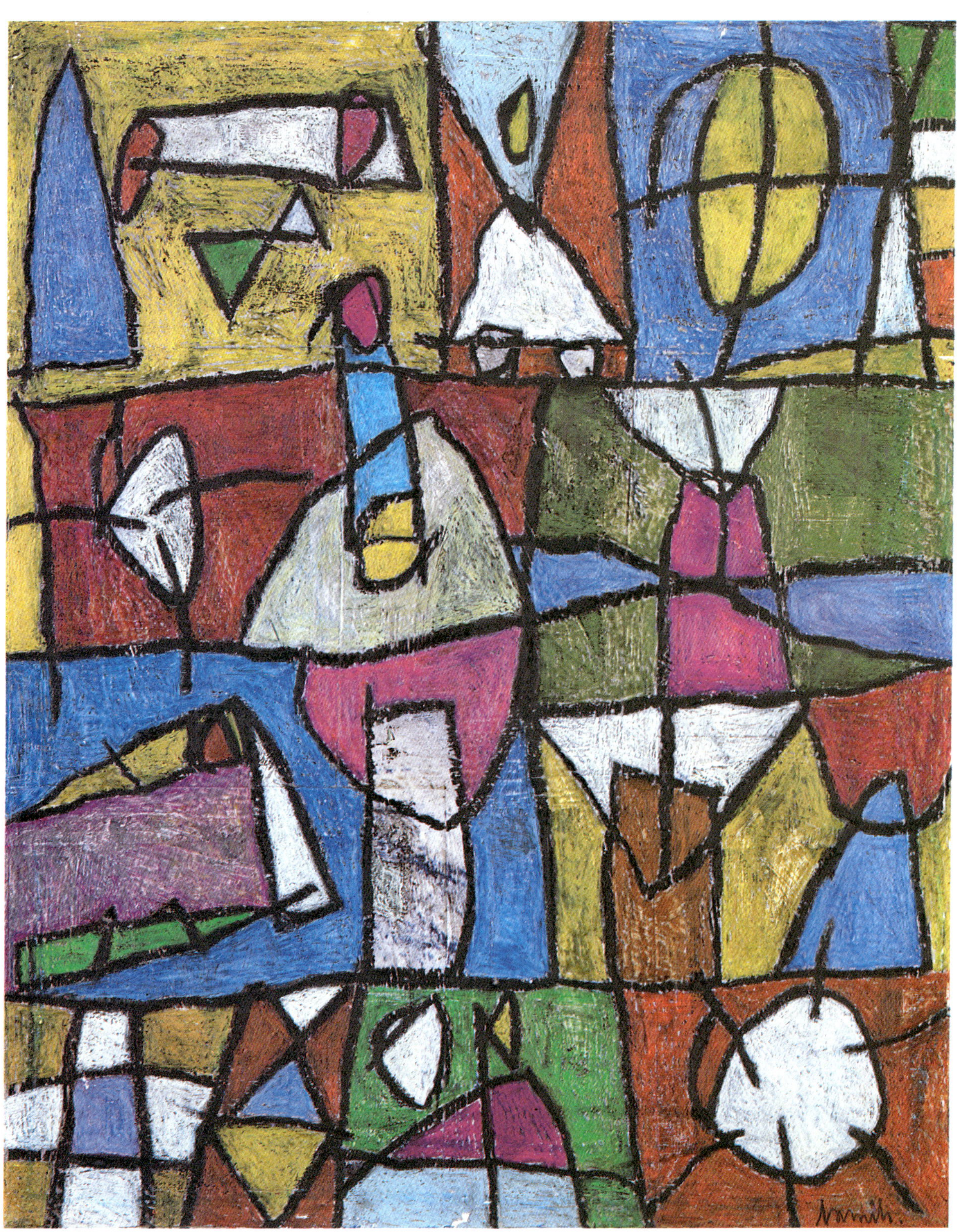

Signifer del monticle blanc, 1997
Tecnica mista su carta/Mixed media on
paper/Mischtechnik auf Papier
90x90 cm

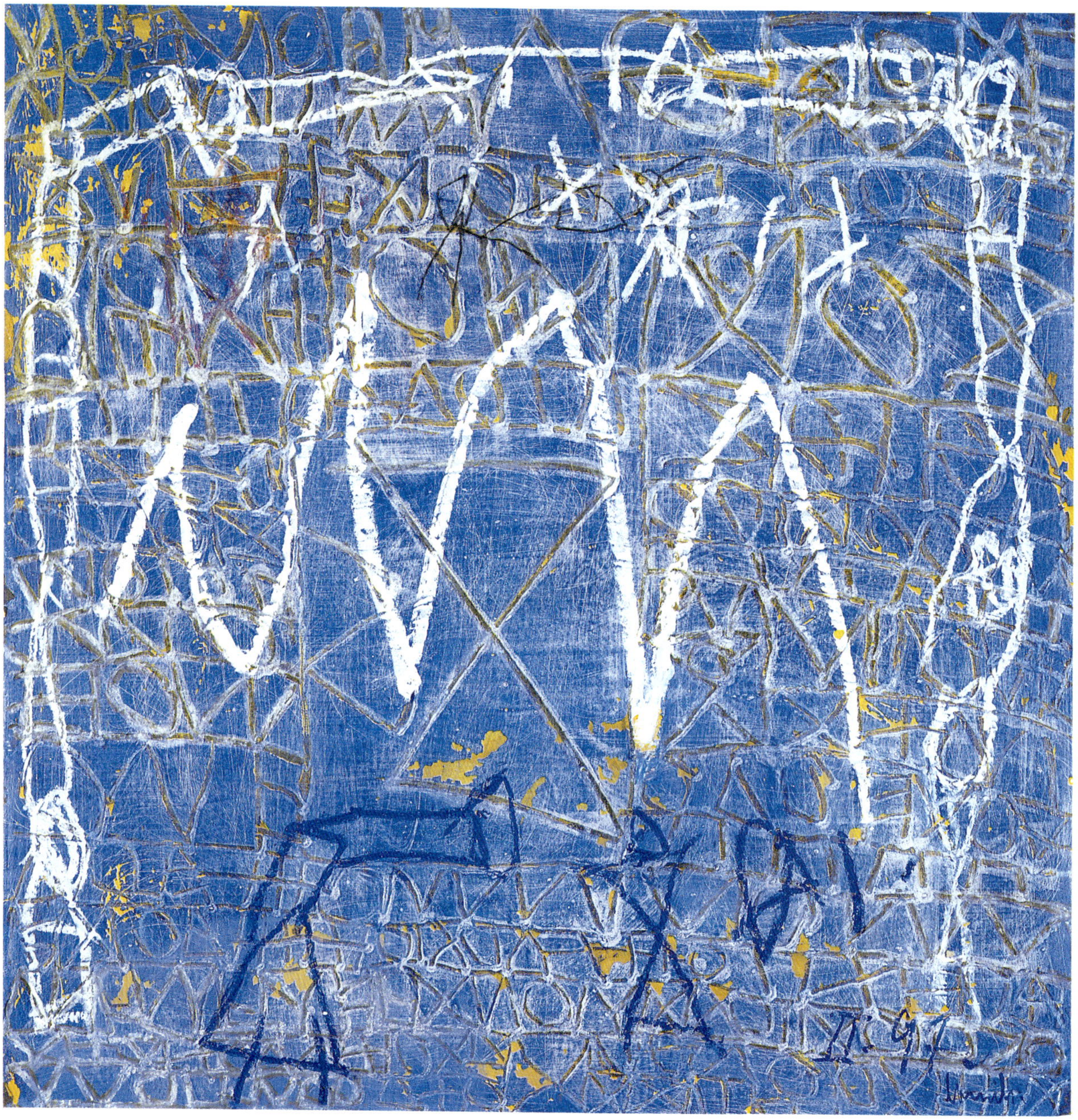

44

Dels signifers blaus, 1997
Tecnica mista su tavola/Mixed media on
wooden panel/Mischtechnik auf Tafel
116x98 cm

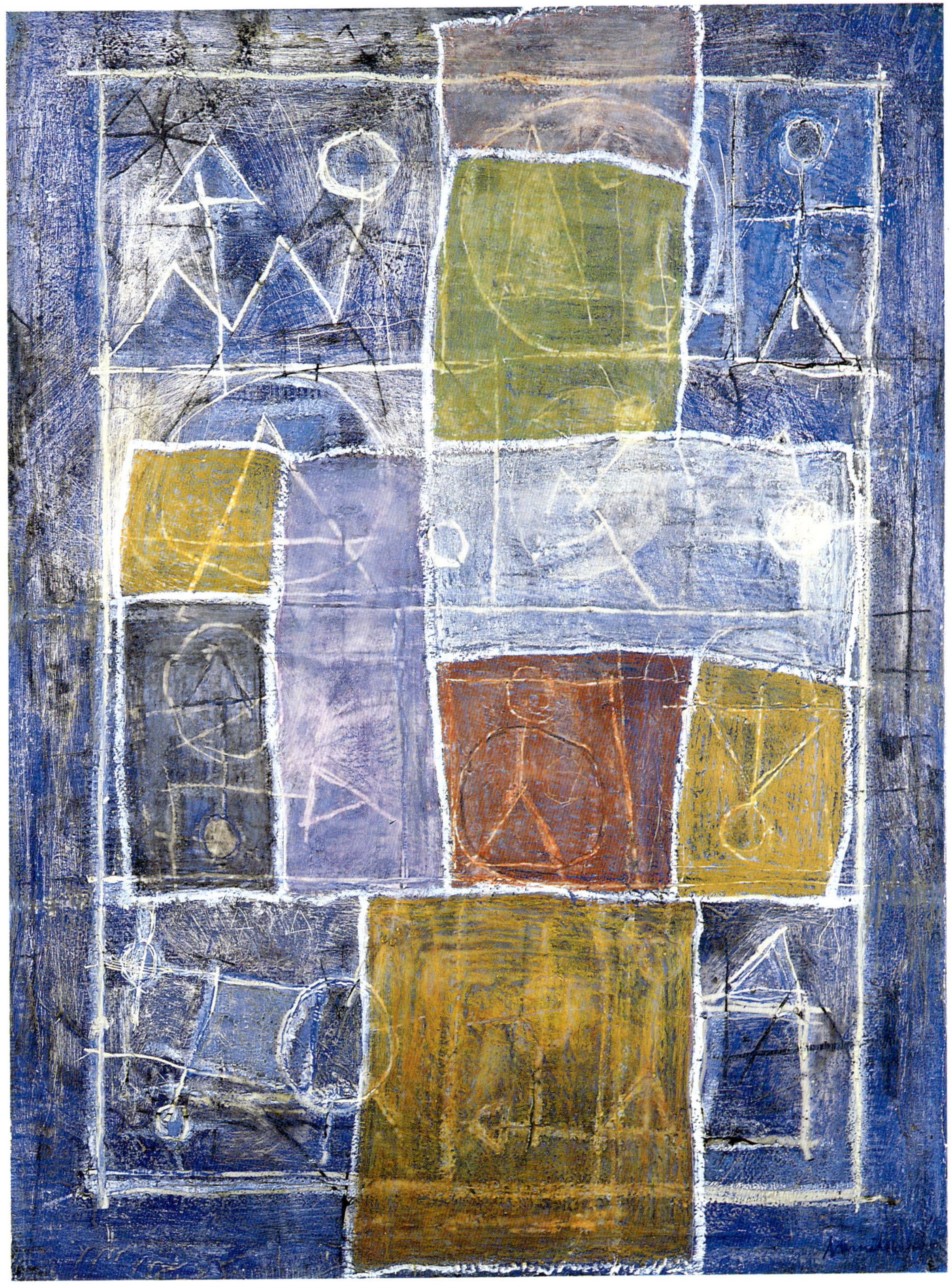

Visió des del captiveri, 1997
Tecnica mista su tavola/Mixed media on
wooden panel/Mischtechnik auf Tafel
106x75 cm

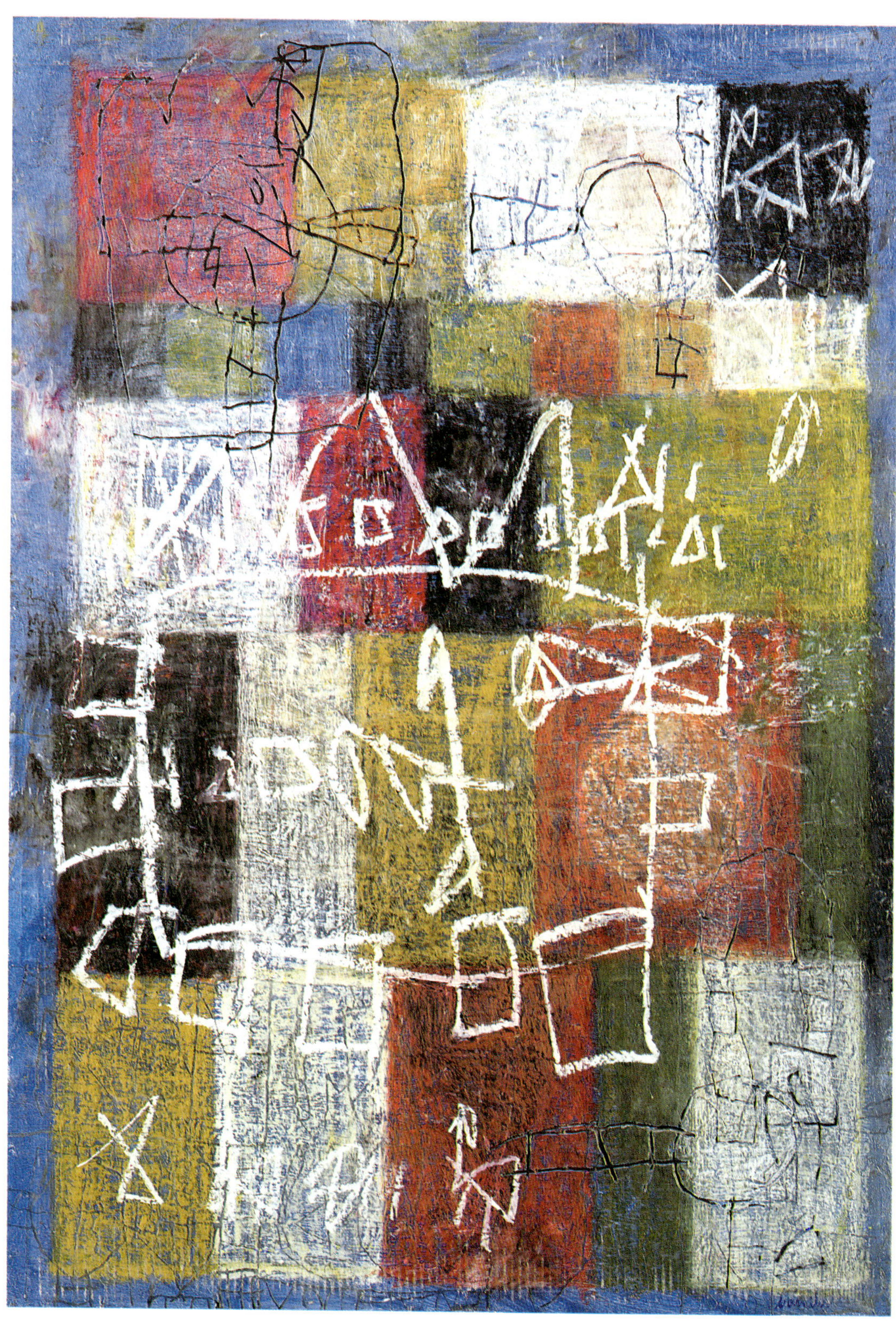

Dels signifers blaus, 1997
Tecnica mista su tavola/Mixed media on
wooden panel/Mischtechnik auf Tafel
92x73 cm

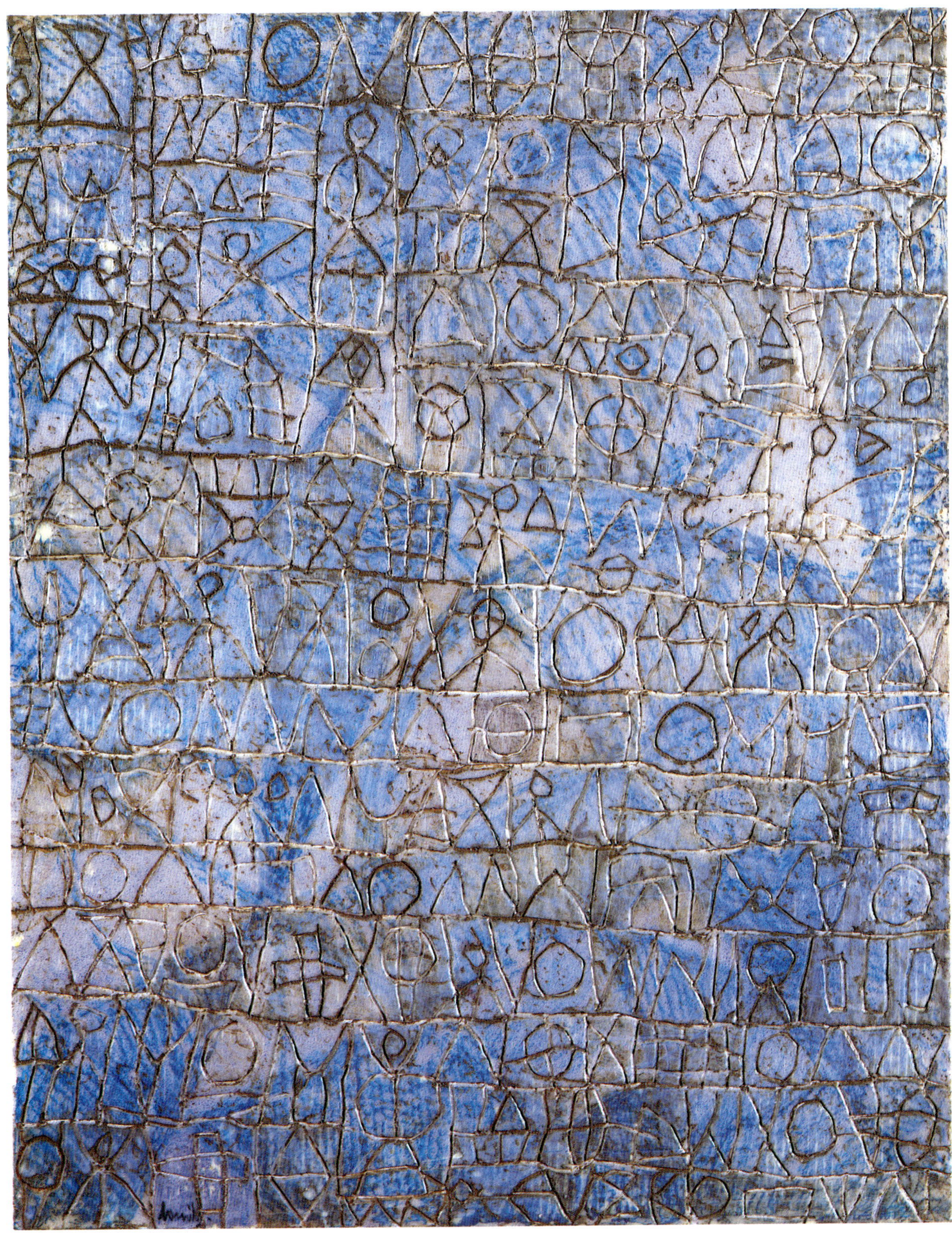

Dels monticles blancs, 1997
Tecnica mista su carta/Mixed media on
paper/Mischtechnik auf Papier
106x74 cm

48

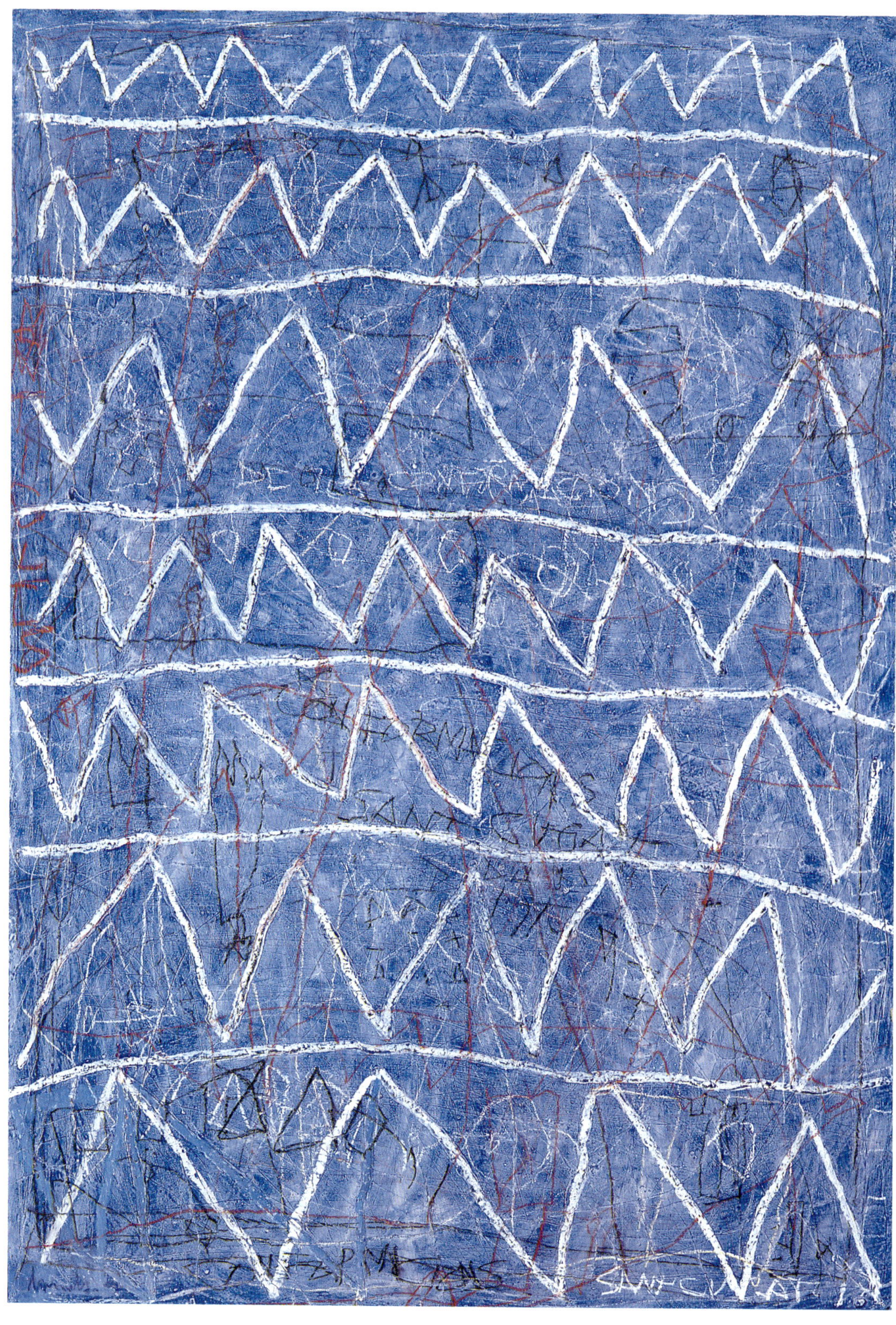

Visió des de les cel.les del nivell inferior, 1997
Tecnica mista su tavola/Mixed media on wooden panel/Mischtechnik auf Tafel
110x110 cm

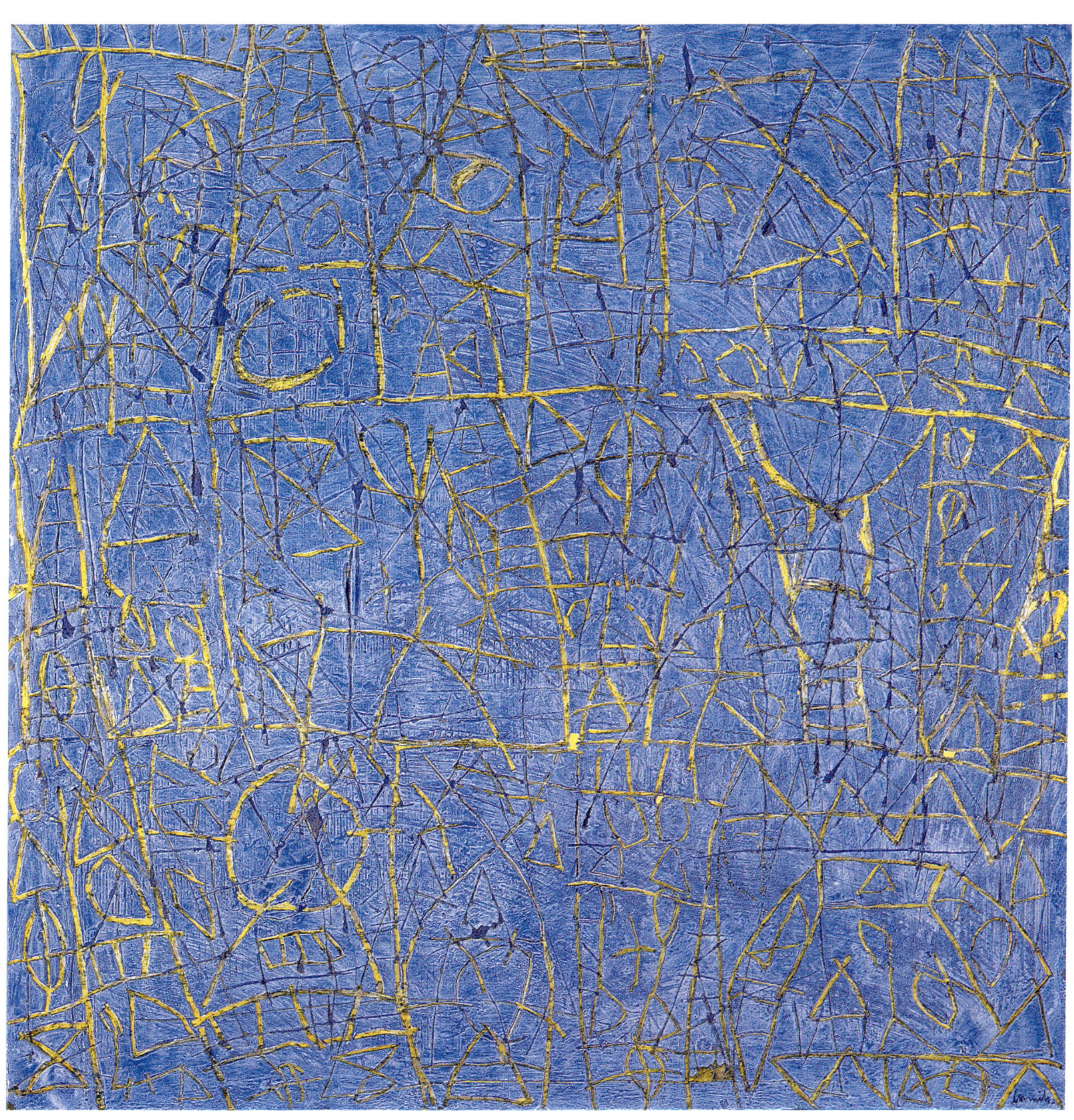

50

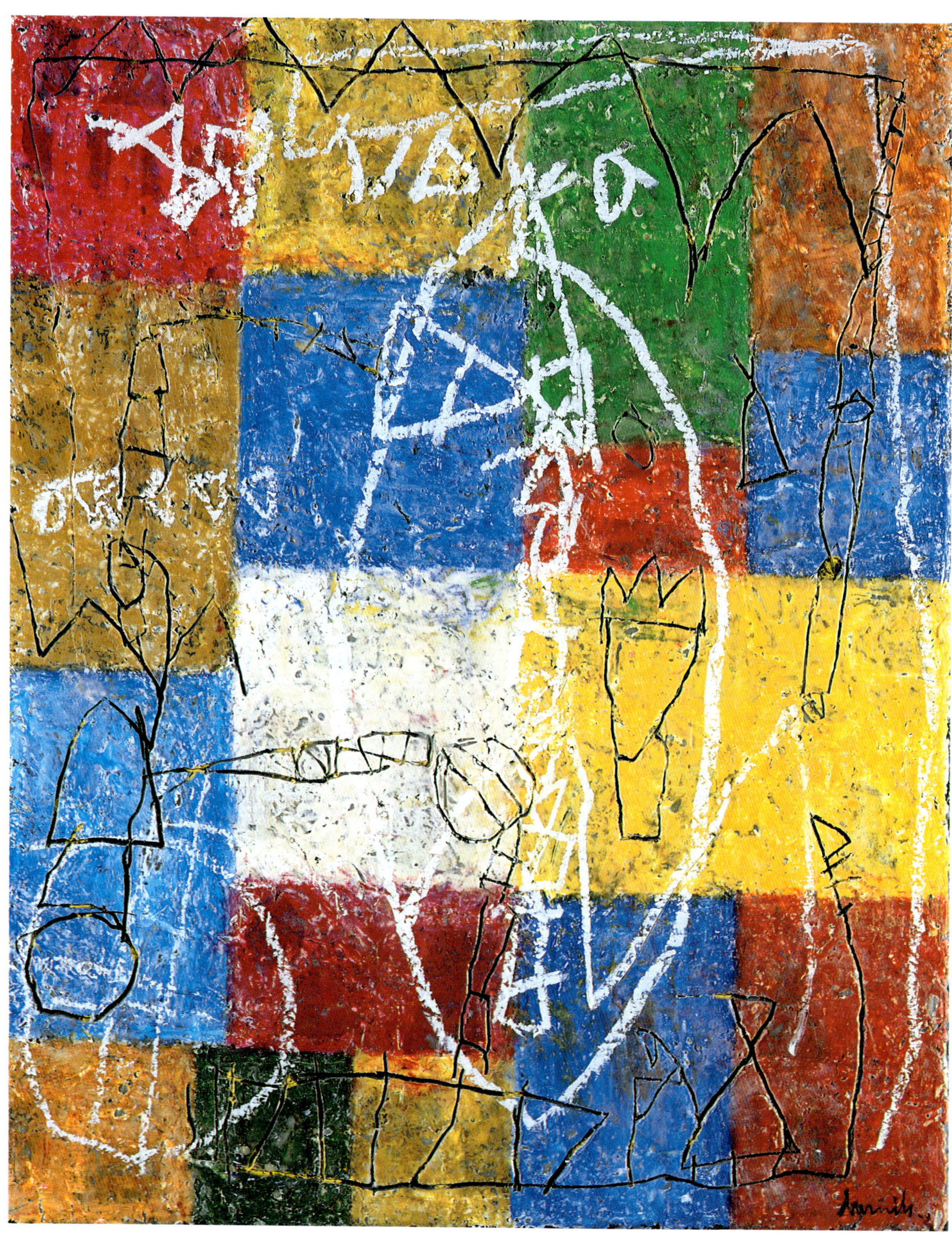

Signifer blau amb cel.les del captiveri, 1997
Tecnica mista su tavola/Mixed media on wooden panel/Mischtechnik auf Tafel
81x65 cm

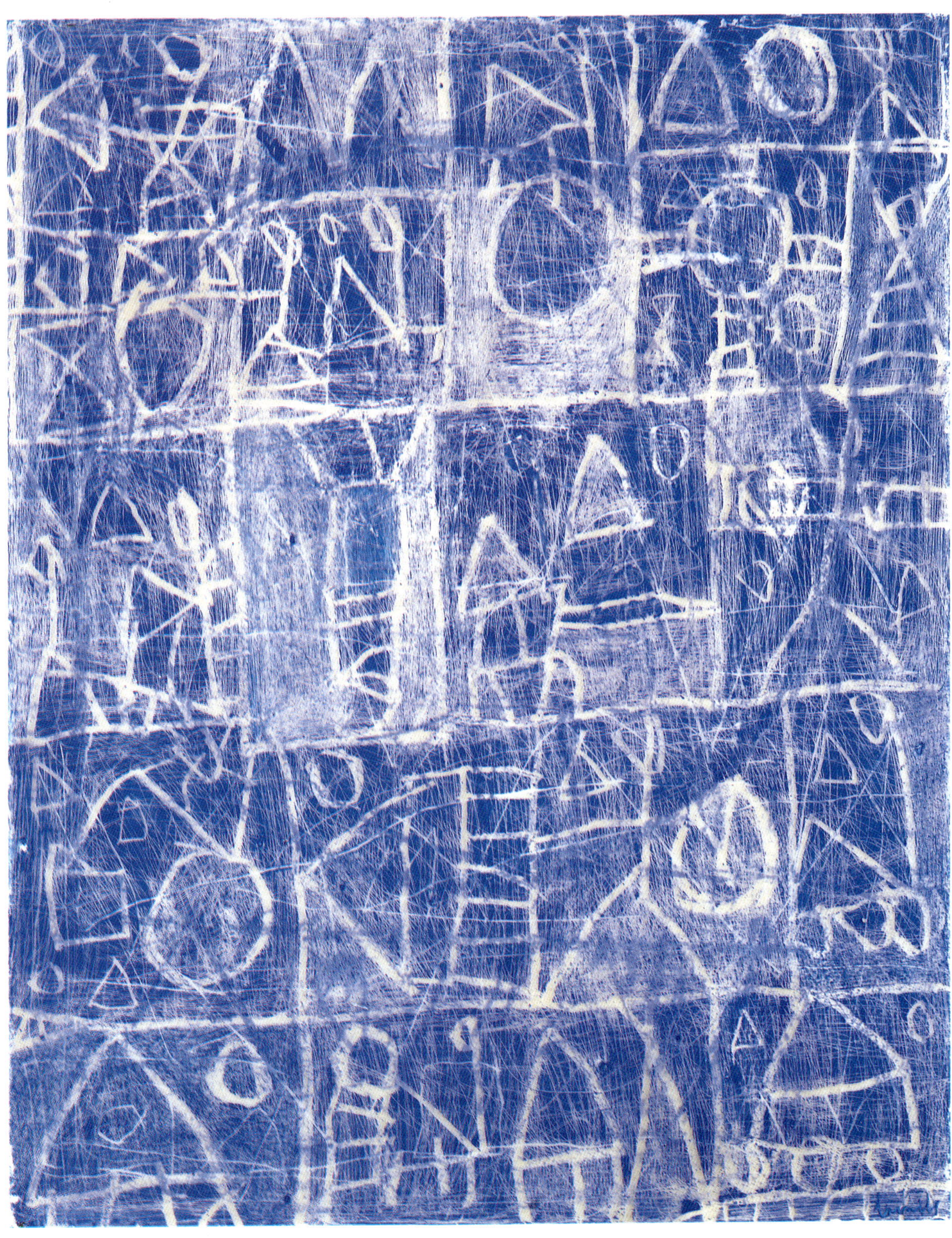

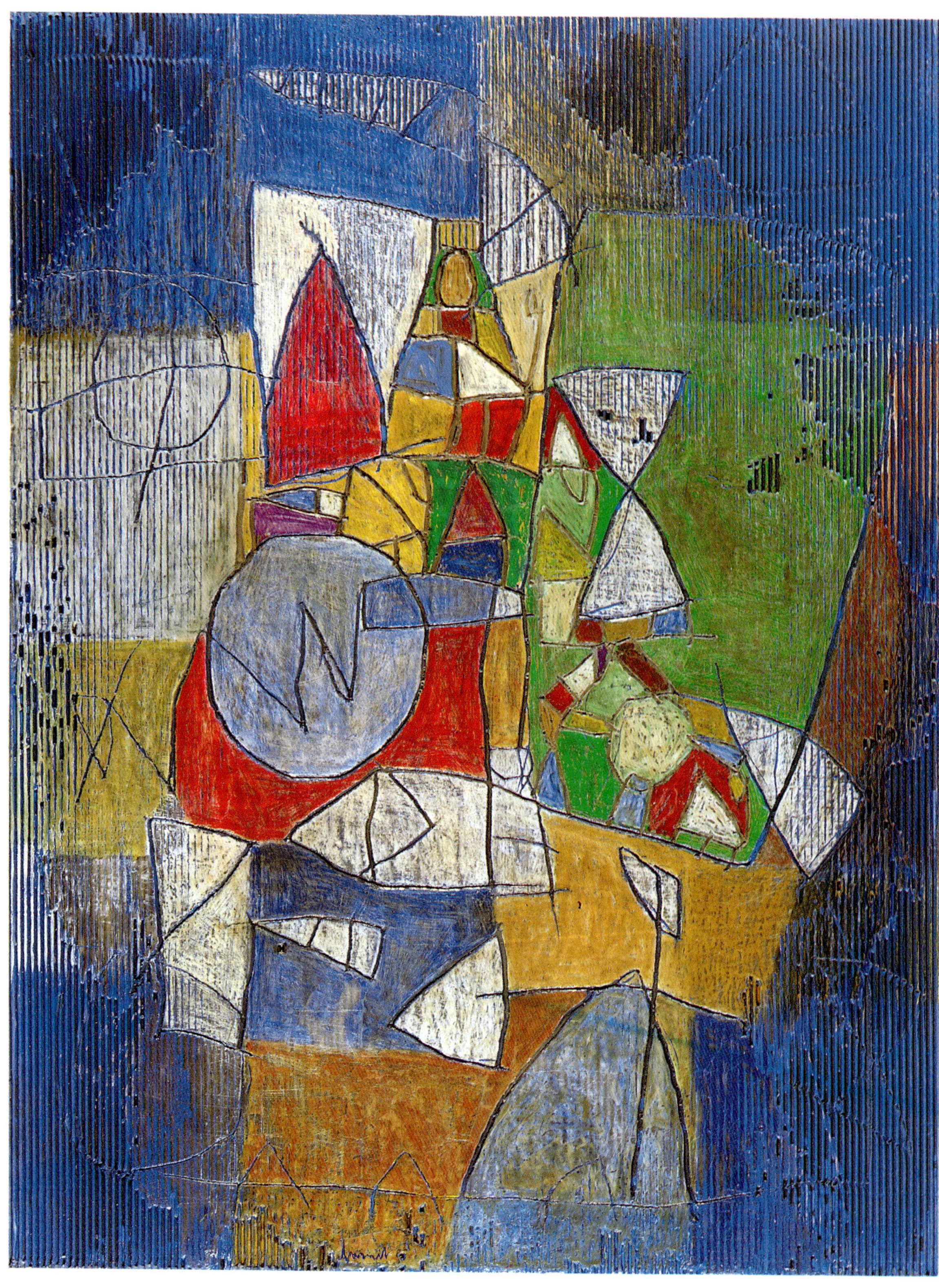

De les primeres percepcions, 1997
Tecnica mista su cartone ondulato/Mixed
media on corrugated card-
board/Mischtechnik auf Wellpappe
116x89 cm

De les cel.les de la perfecció, 1997
Tecnica mista su cartone ondulato/Mixed
media on corrugated card-
board/Mischtechnik auf Wellpappe
81x65 cm

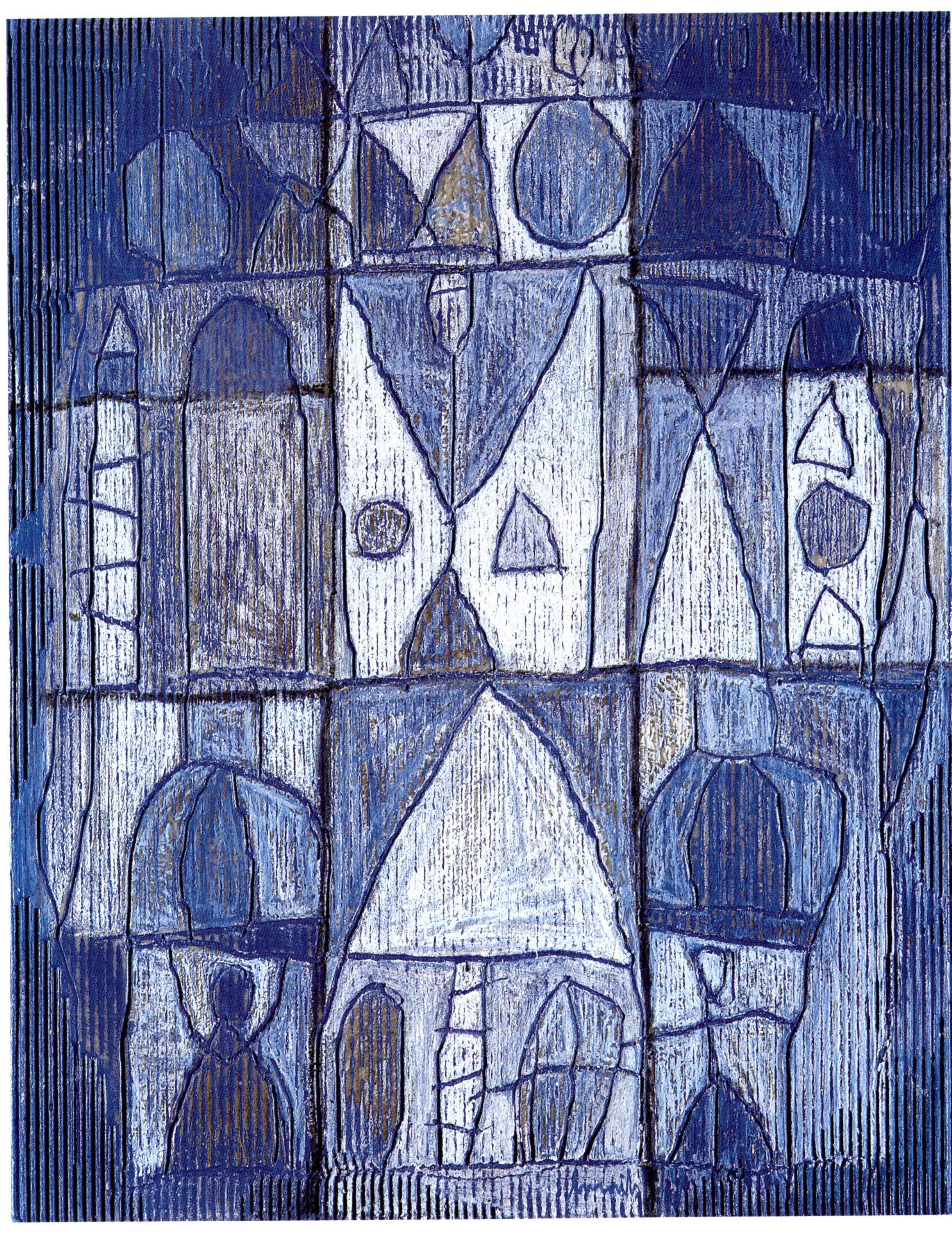

Gran portalada dels primers jardins, 1997
Tecnica mista su cartone ondulato/Mixed media on corrugated cardboard/Mischtechnik auf Wellpappe
110x110 cm

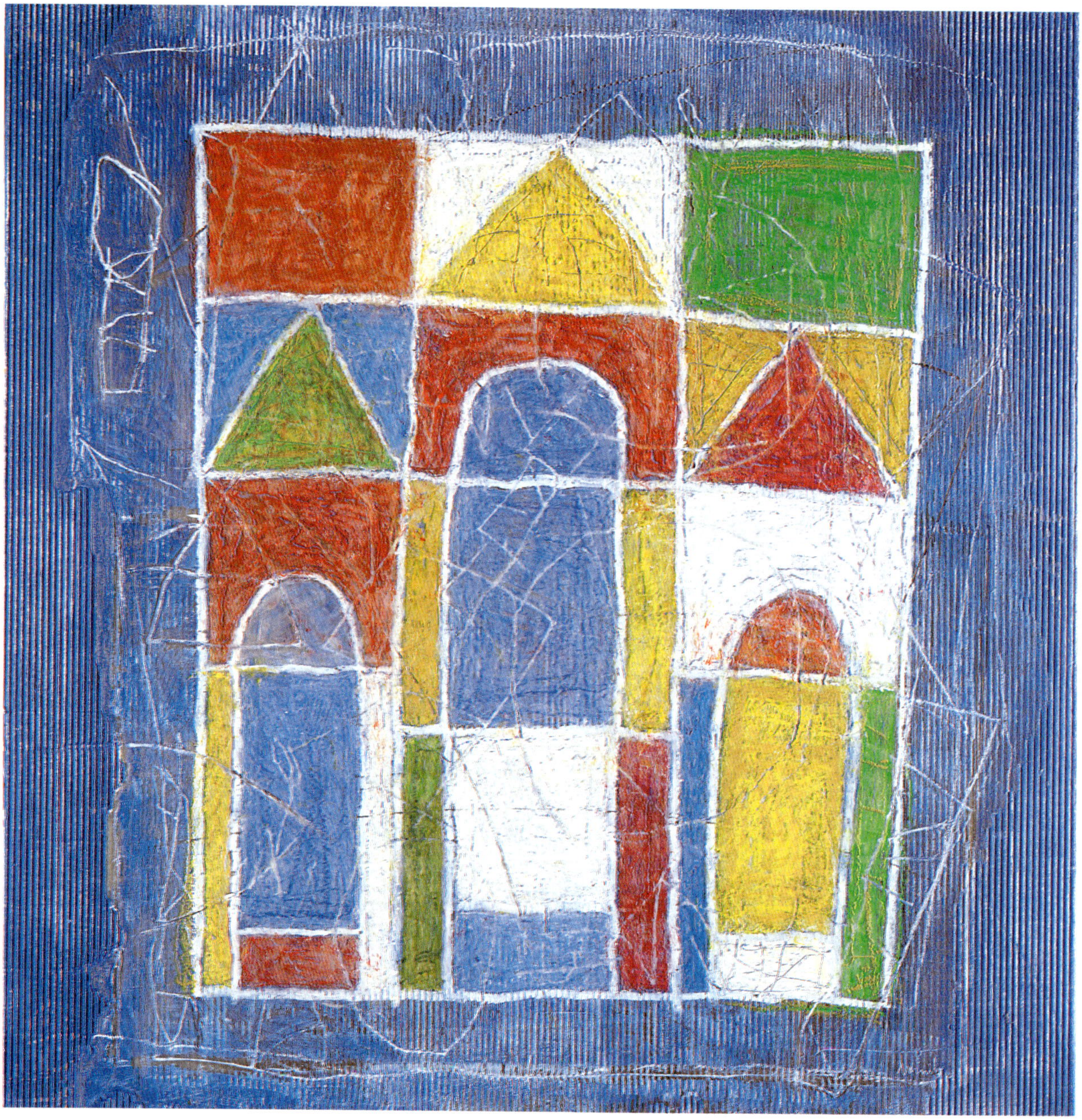

54

Dels signifers blaus, 1997
Tecnica mista su tavola/Mixed media on
wooden panel/Mischtechnik auf Tafel
100x81 cm

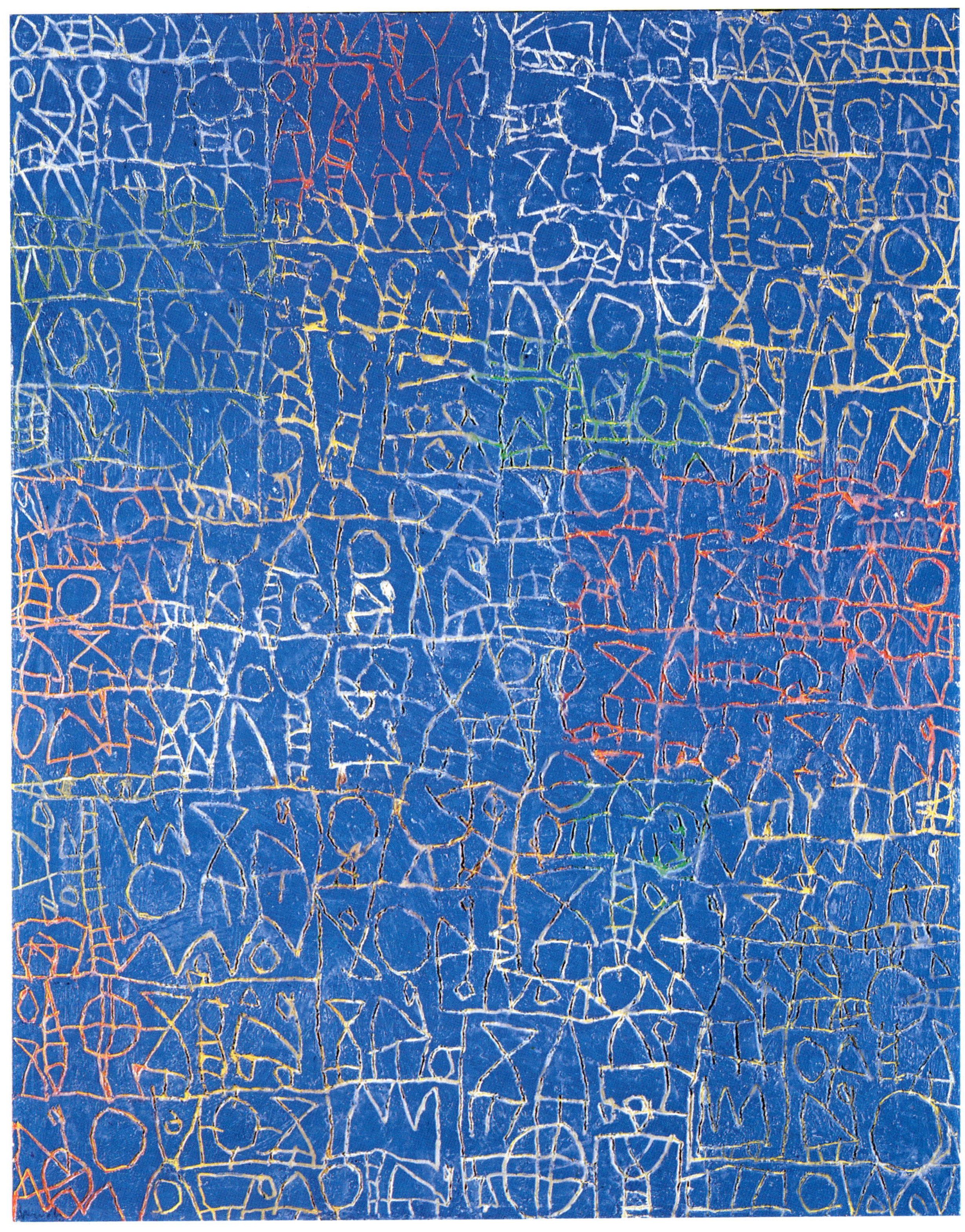

Estadis de germinació, 1995
Tecnica mista su tavola/Mixed media on
wooden panel/Mischtechnik auf Tafel
116x89 cm

56

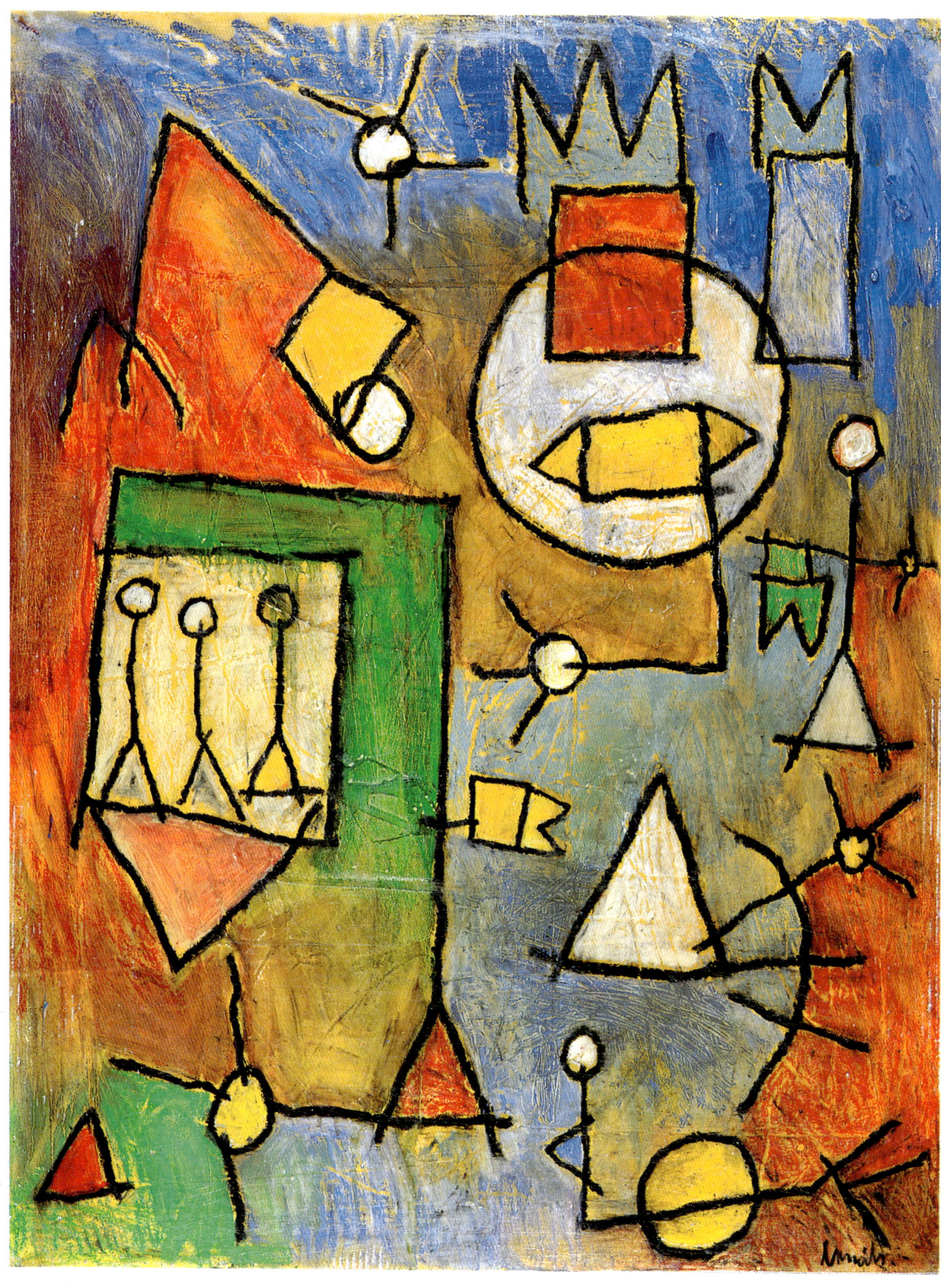

Signifer de la concordança, 1997
Olio su tavola/Oil on wooden panel/Öl auf
Tafel
70x57 cm

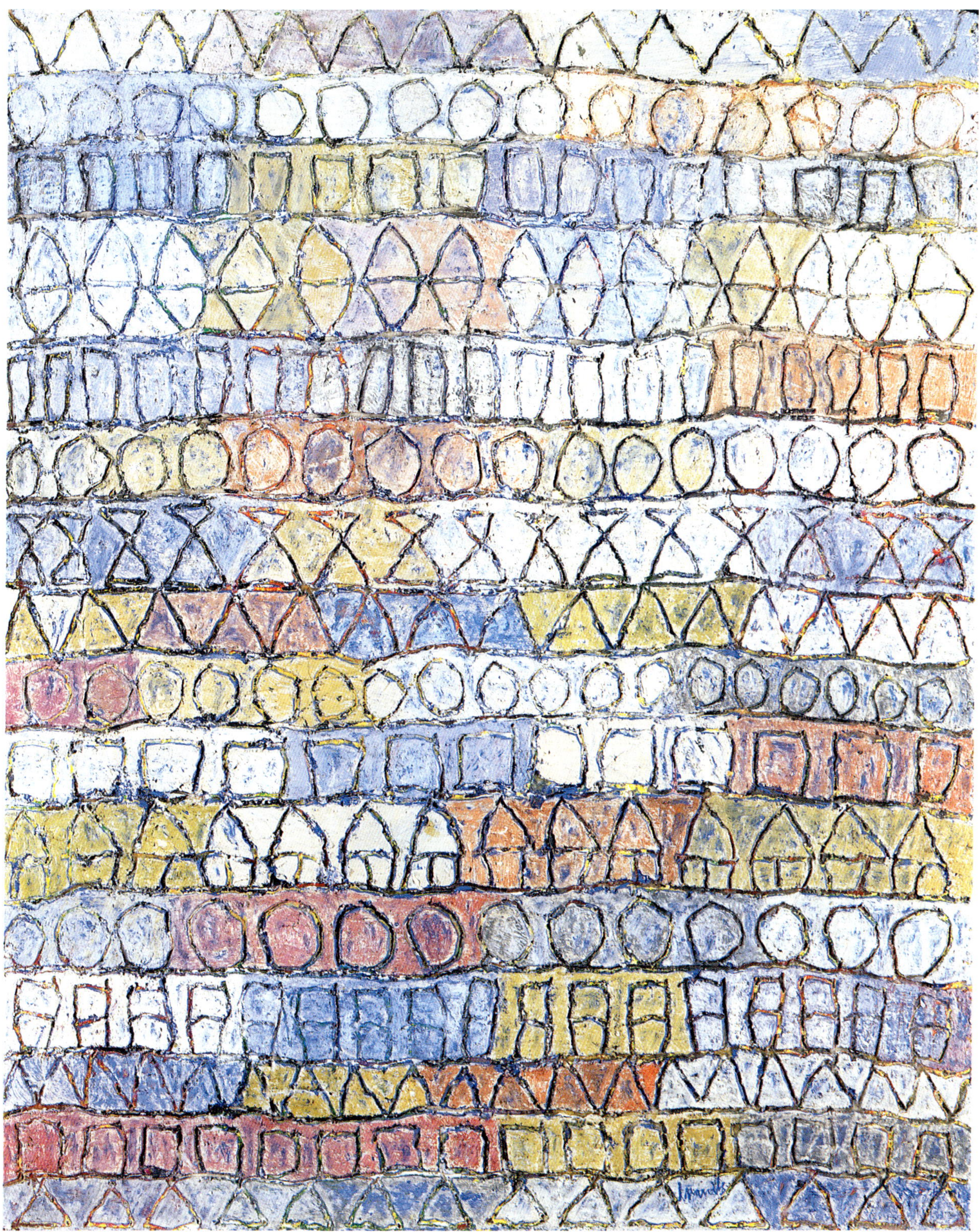

**Visions gaudioses dels jardins
oblidats**, 1997
Olio su tavola/Oil on wooden panel/Öl auf
Tafel
162x130 cm

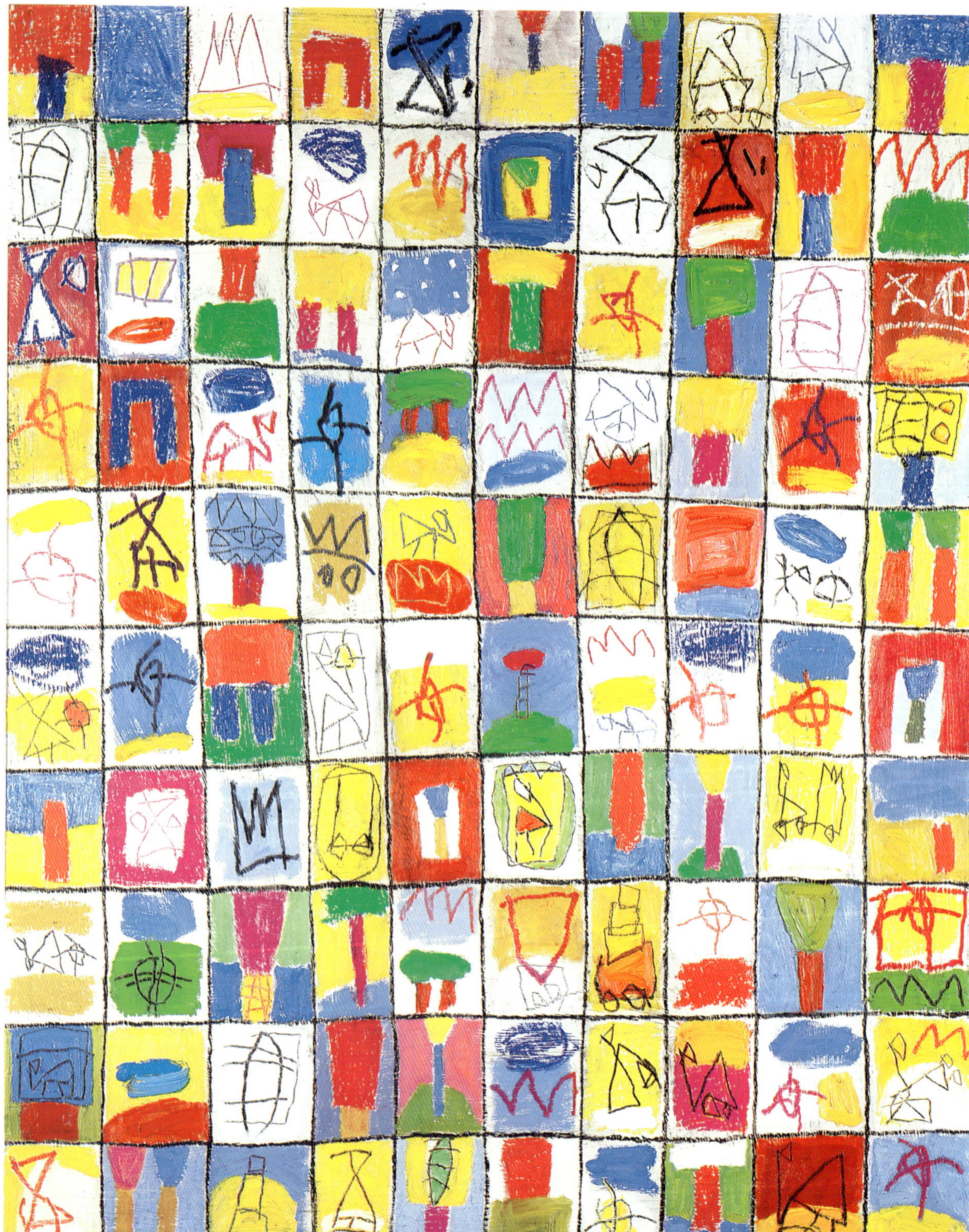

De l'encuny de la dama, 1997
Pastello ad olio e ardesia/Oil pastel and
slate/Ölpastell und Schiefer
162x130 cm

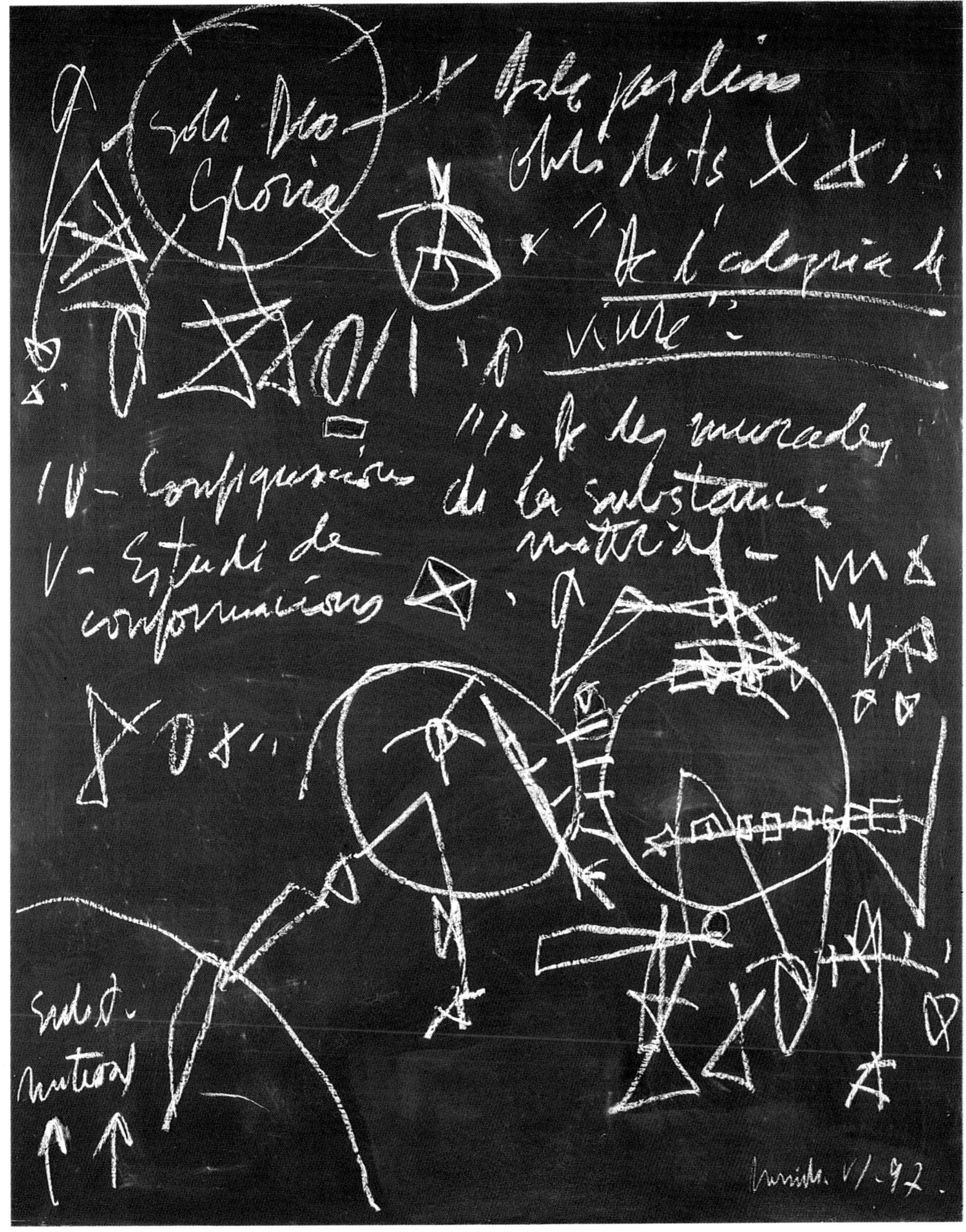

Gran basílica de vidre, 1997
Tecnica mista su tavola/Mixed media on
wooden panel/Mischtechnik auf Tafel
162×130 cm

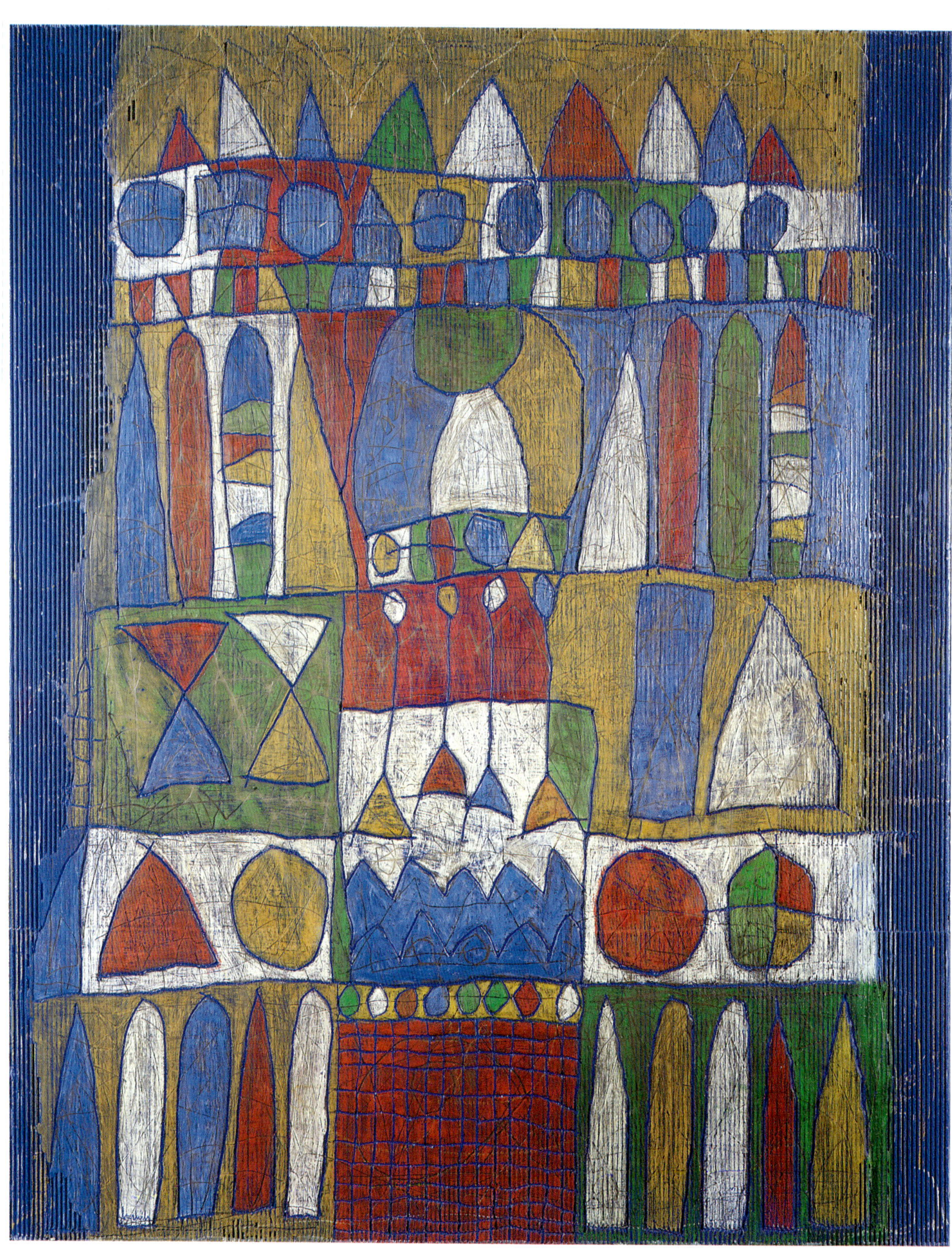

**Dels jardins oblidats i els seus
inescrutables paratges**, 1996
Tecnica mista su tavola/Mixed media on
wooden panel/Mischtechnik auf Tafel
130x97 cm

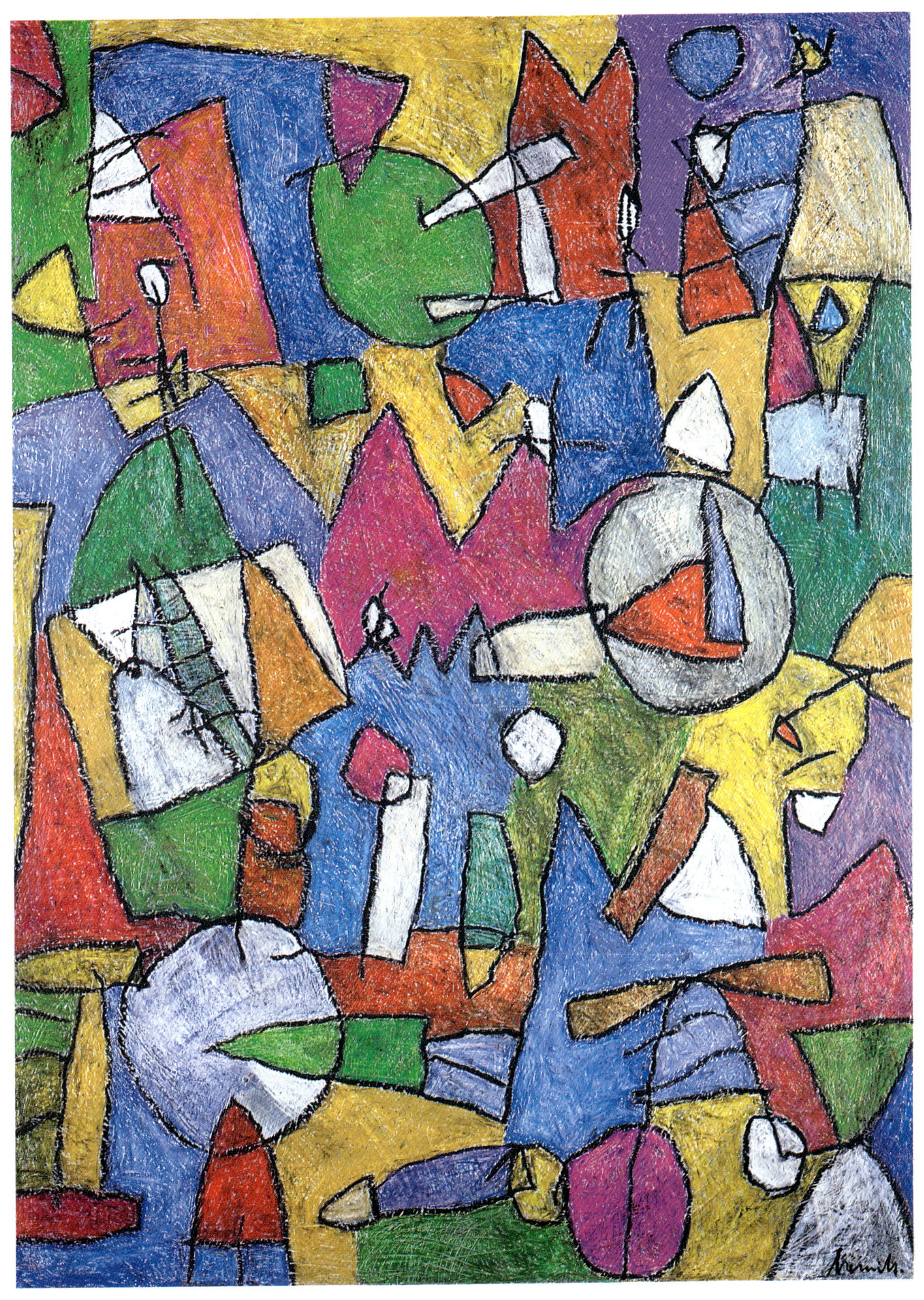

Darrera les murades i ha el blau immesurable, 1997
Tecnica mista su cartone ondulato/Mixed media on corrugated cardboard/Mischtechnik auf Wellpappe
114x118 cm

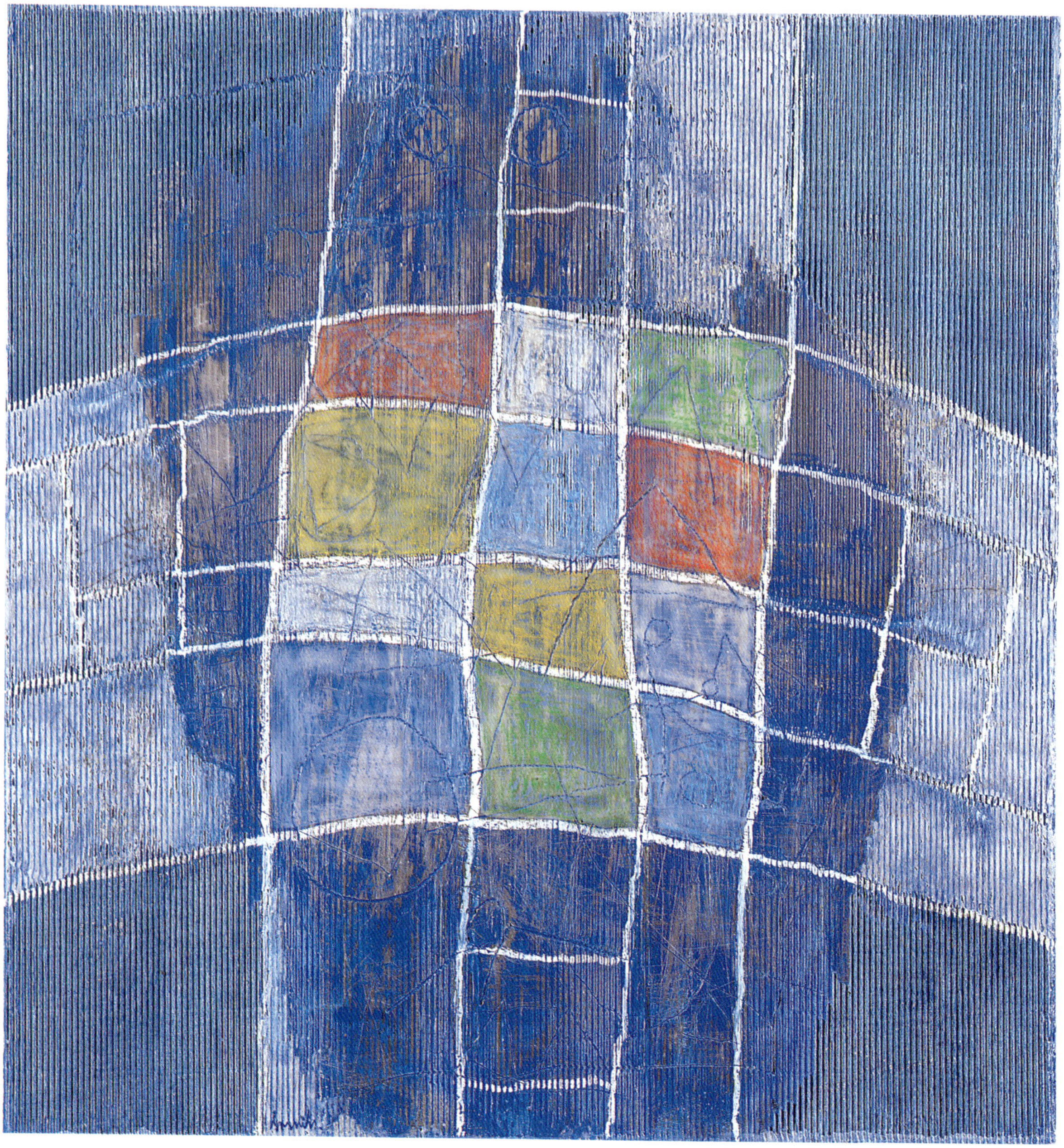

Dels signifers negres, 1996
Olio su tela/Oil on canvas/Öl auf Leinwand
120x120 cm

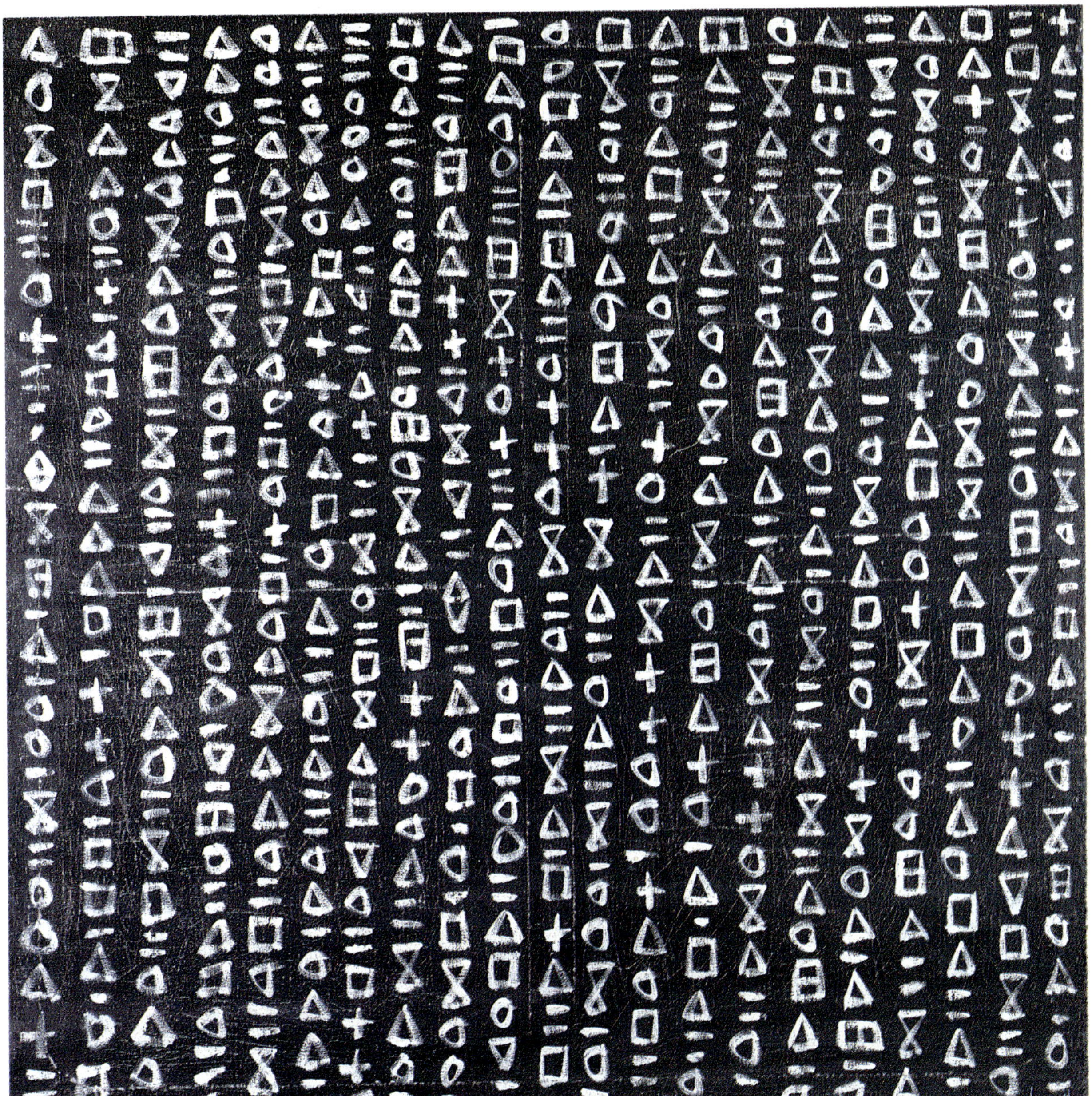

Primicies del gran dia de l'alliberament, 1997
Tenica mista su cartone ondulato/Mixed media on corrugated card-board/Mischtechnik auf Wellpappe
120x120 cm

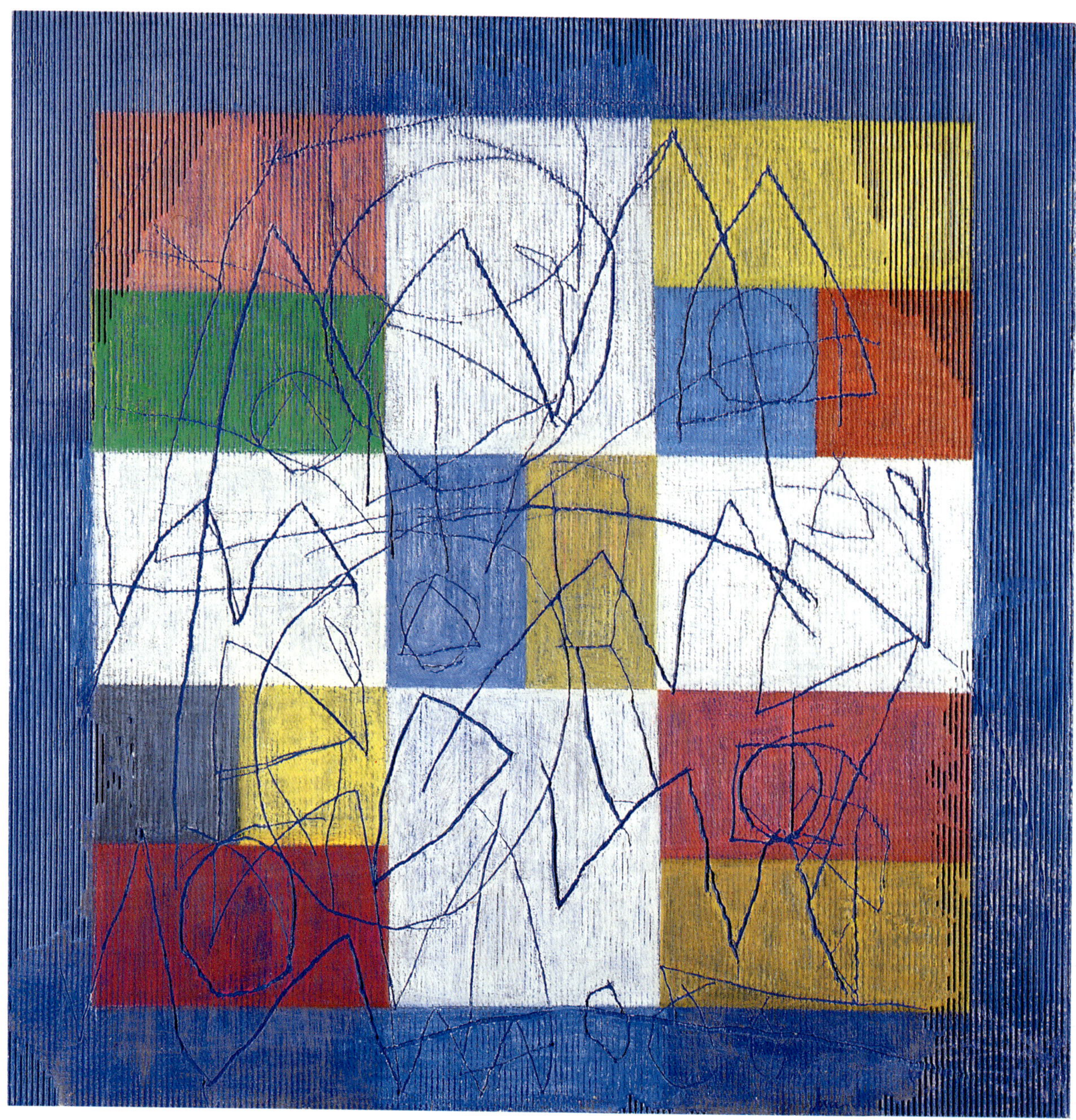

Gran esfera de germinació amb monticles, 1997
Tecnica mista su cartone ondulato/Mixed media on corrugated card-board/Mischtechnik auf Wellpappe
120x120 cm

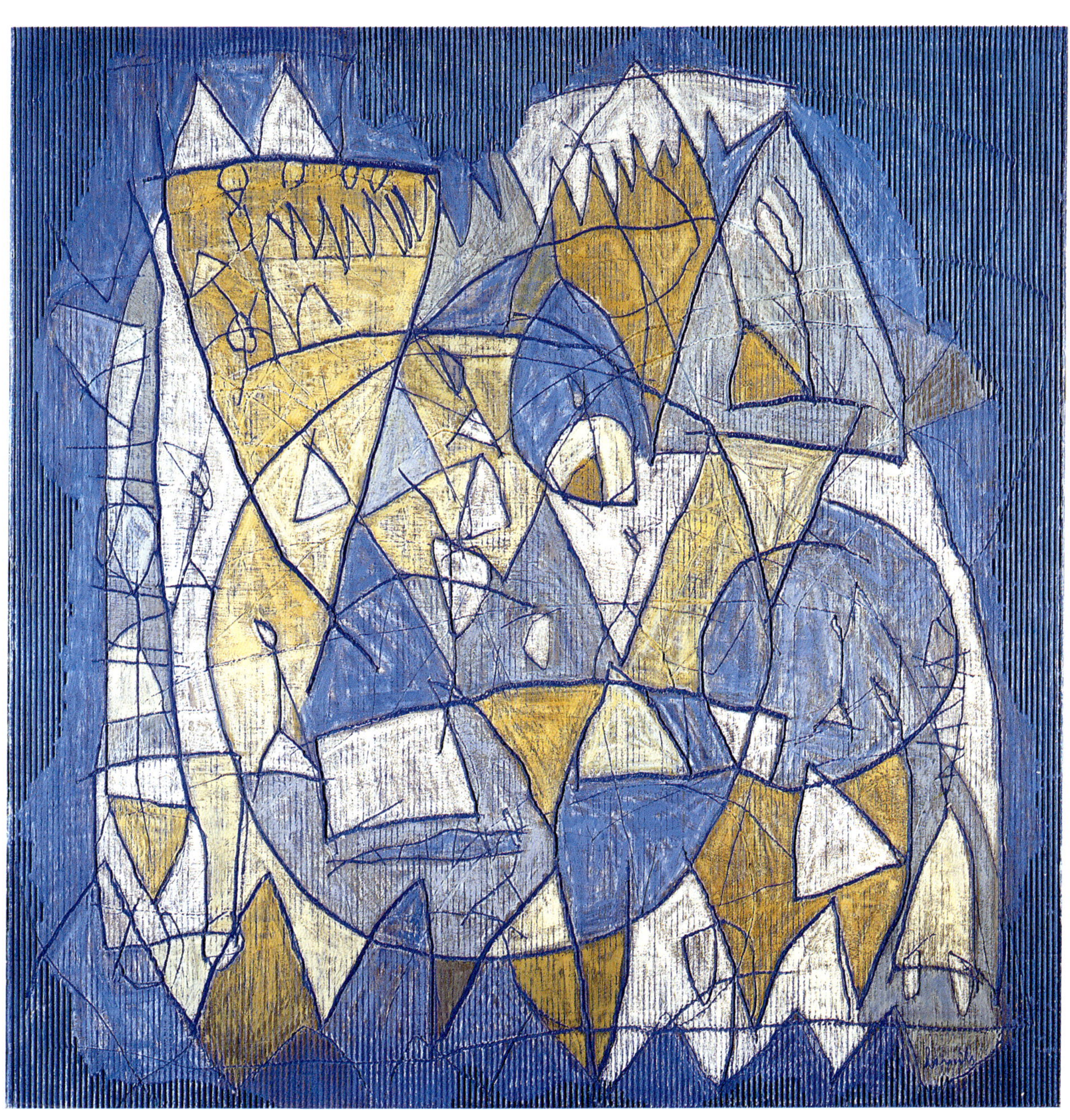

Signífer del monticles, 1997
Tecnica mista su tavola/Mixed media on
wooden panel/Mischtechnik auf Tafel
92x73 cm

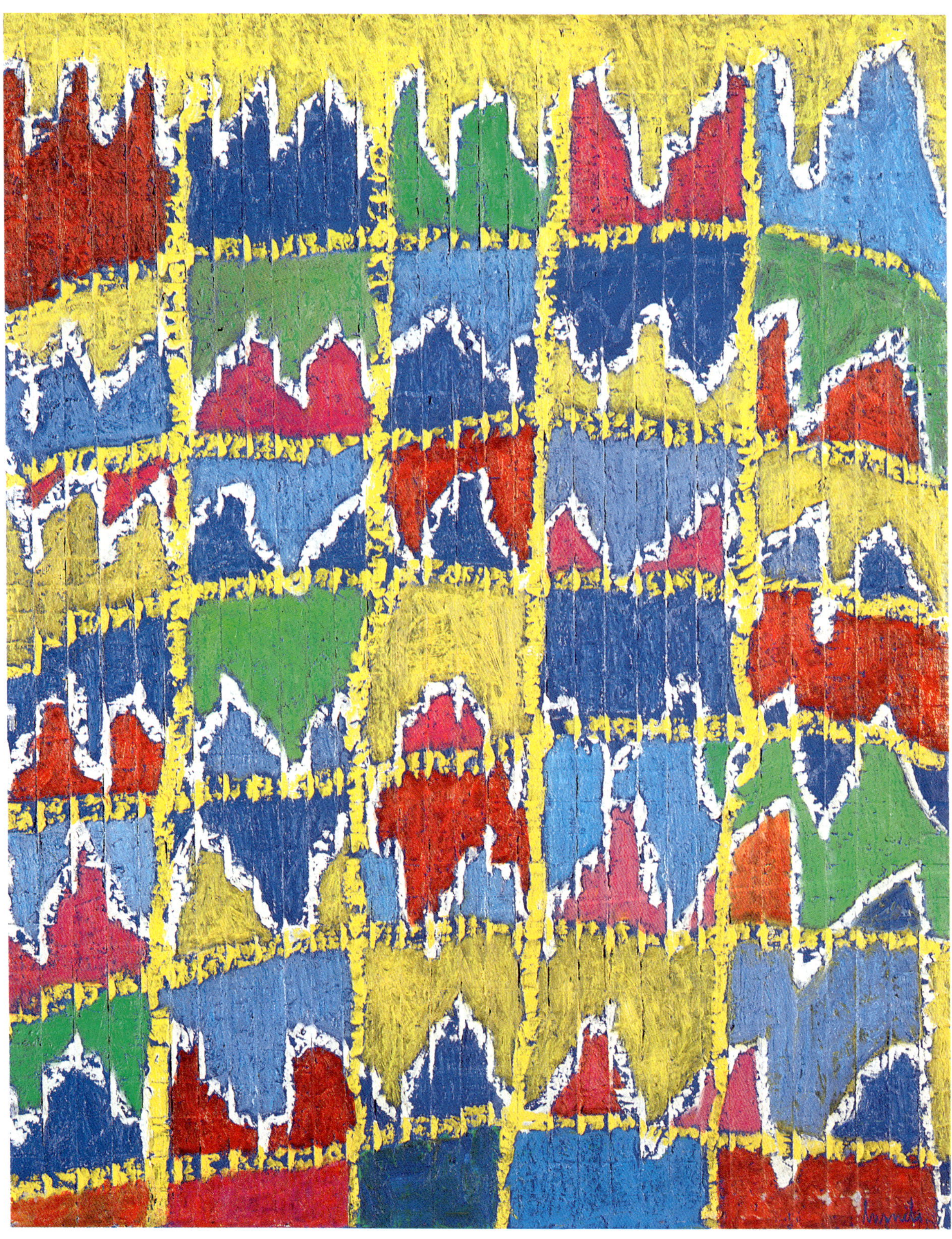

Visió de nou estadis, 1996
Olio su tela/Oil on canvas/Öl auf Leinwand
81x65 cm

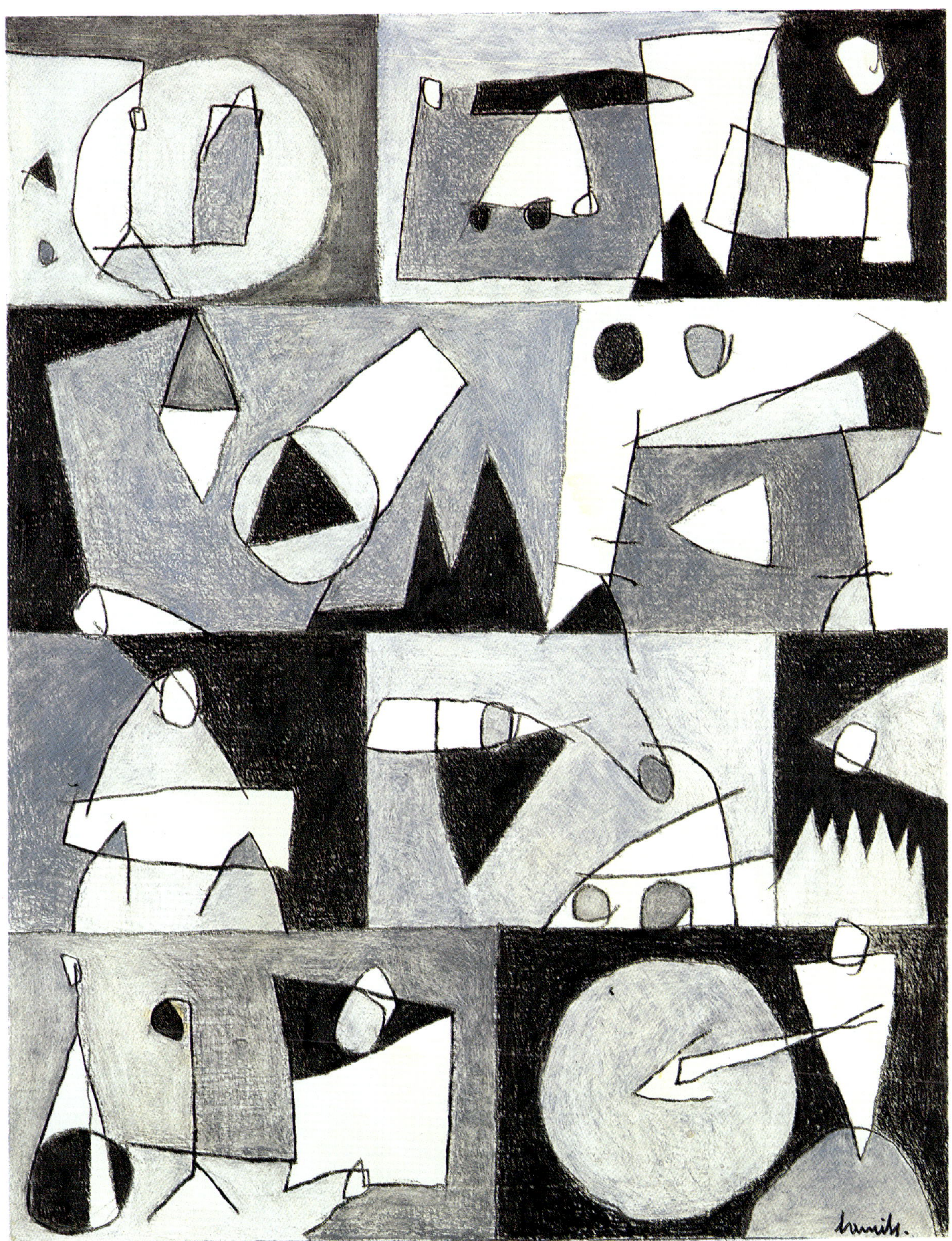

Dama dins la gran basílica de vidre,
1997
Tecnica mista su tavola/Mixed media on
wooden panel/Mischtechnik auf Tafel
92x73 cm

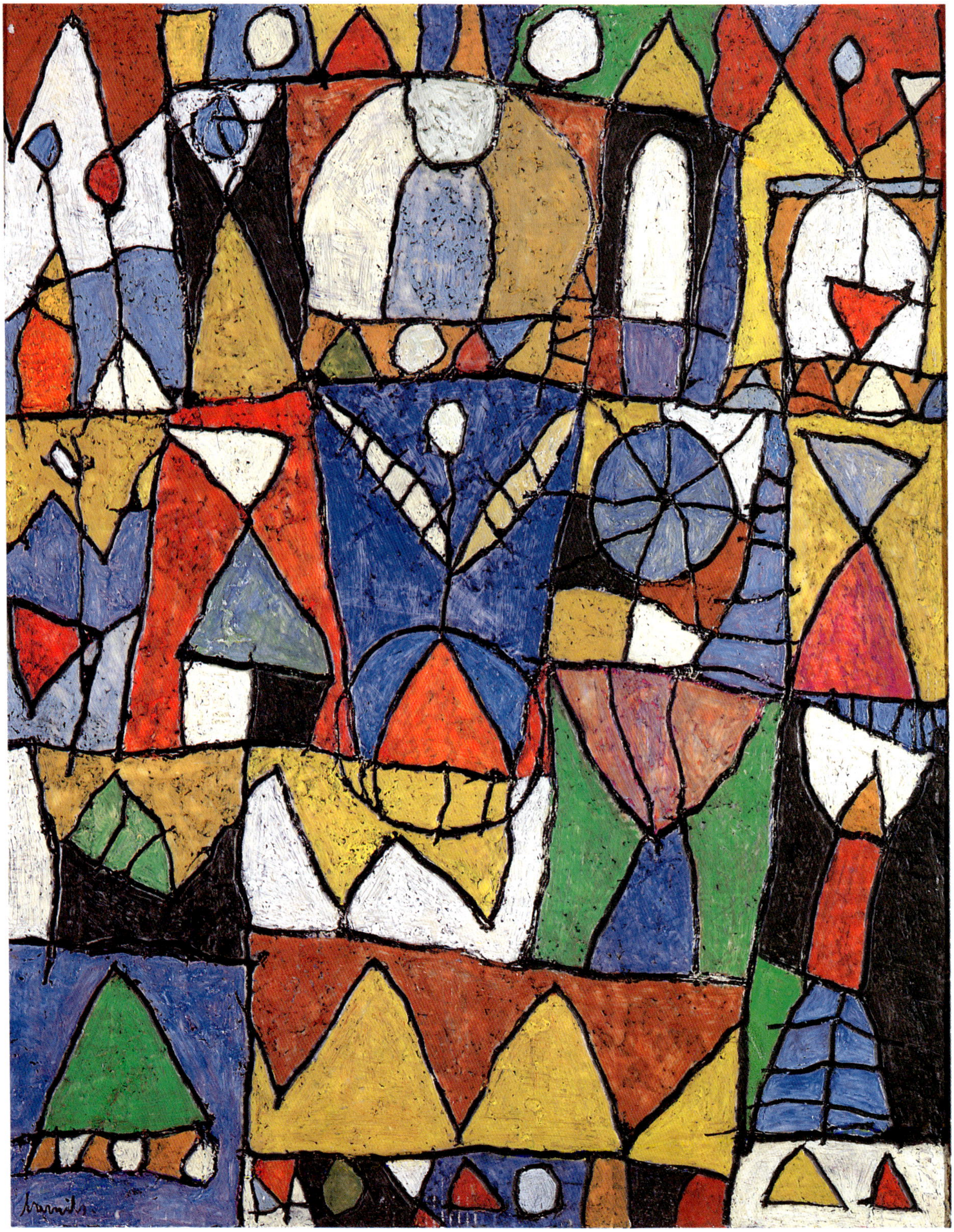

Visions del temps de captiveri, 1997
Tecnica mista su tavola/Mixed media on
wooden panel/Mischtechnik auf Tafel
92x73 cm

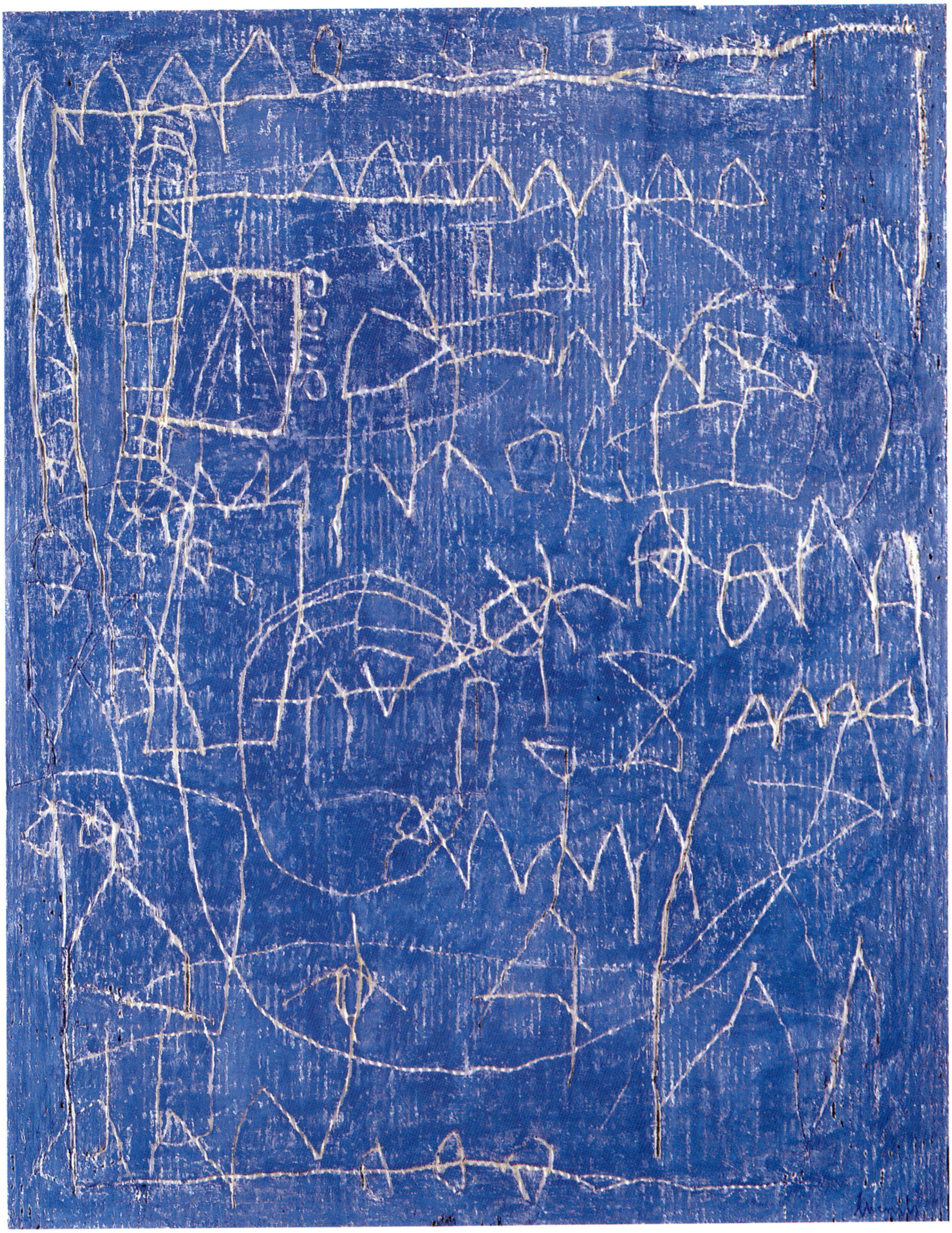

Dels bells signífers, 1997
Tecnica mista su tavola/Mixed media on
wooden panel/Mischtechnik auf Tafel
100x100 cm

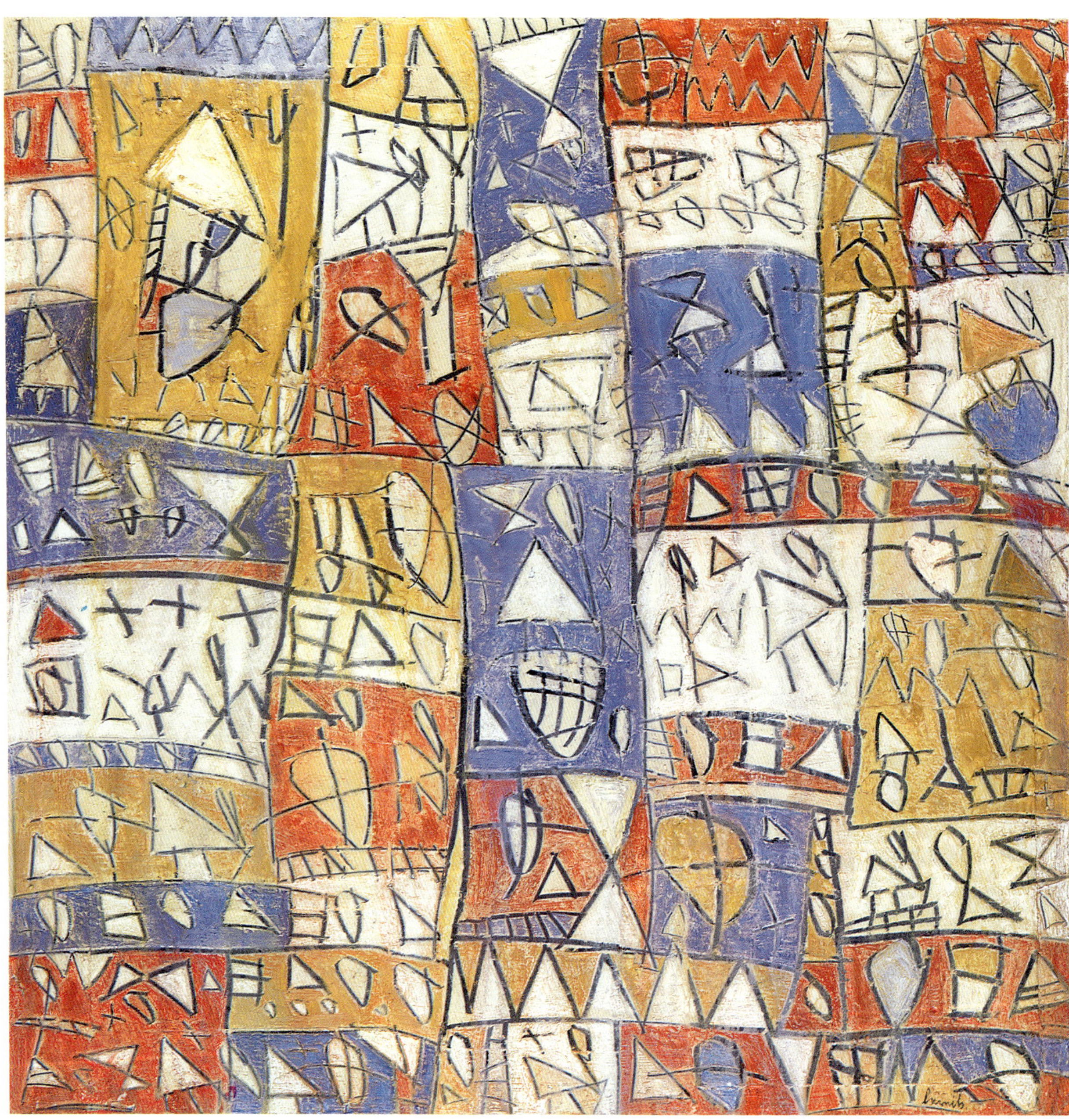

Dels llacs menuts, 1996
Olio su tela/Oil on canvas/Öl auf Leinwand
100x81 cm

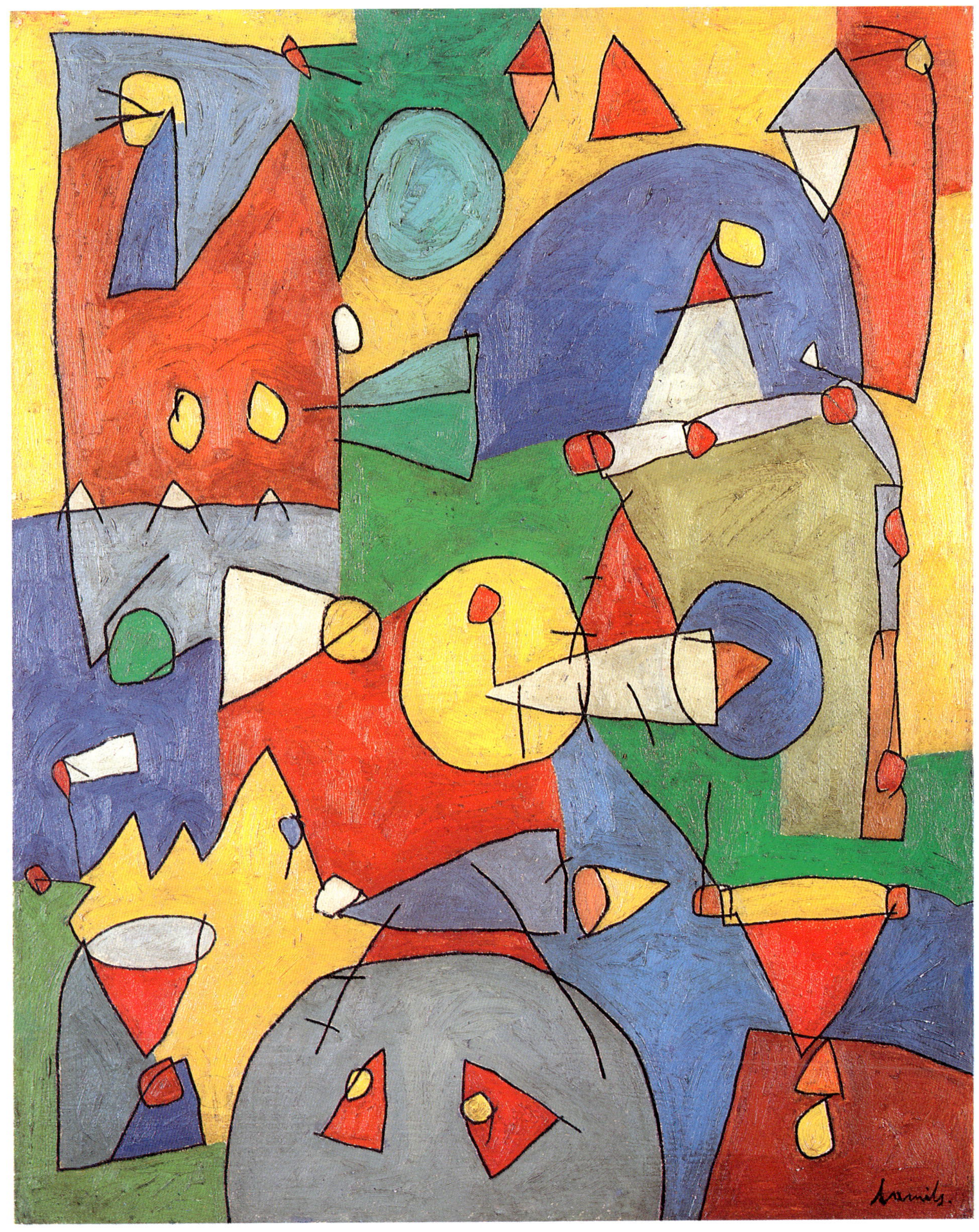

De les esferes de germinació, 1997
Tecnica mista su tavola/Mixed media on
wooden panel/Mischtechnik auf Tafel
92x73 cm

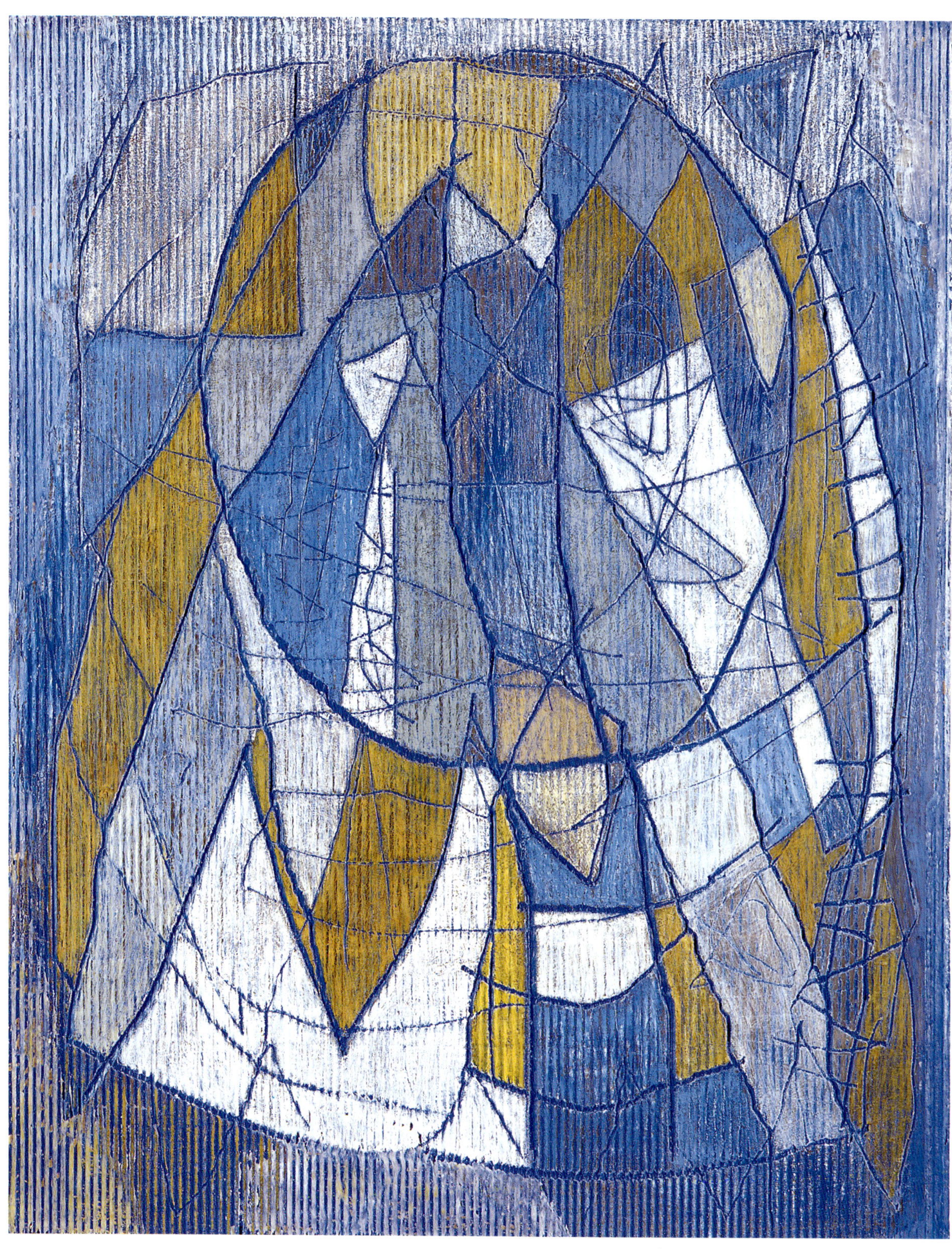

Configuracions, 1997
Olio su tela/Oil on canvas/Öl auf Leinwand
65x54 cm

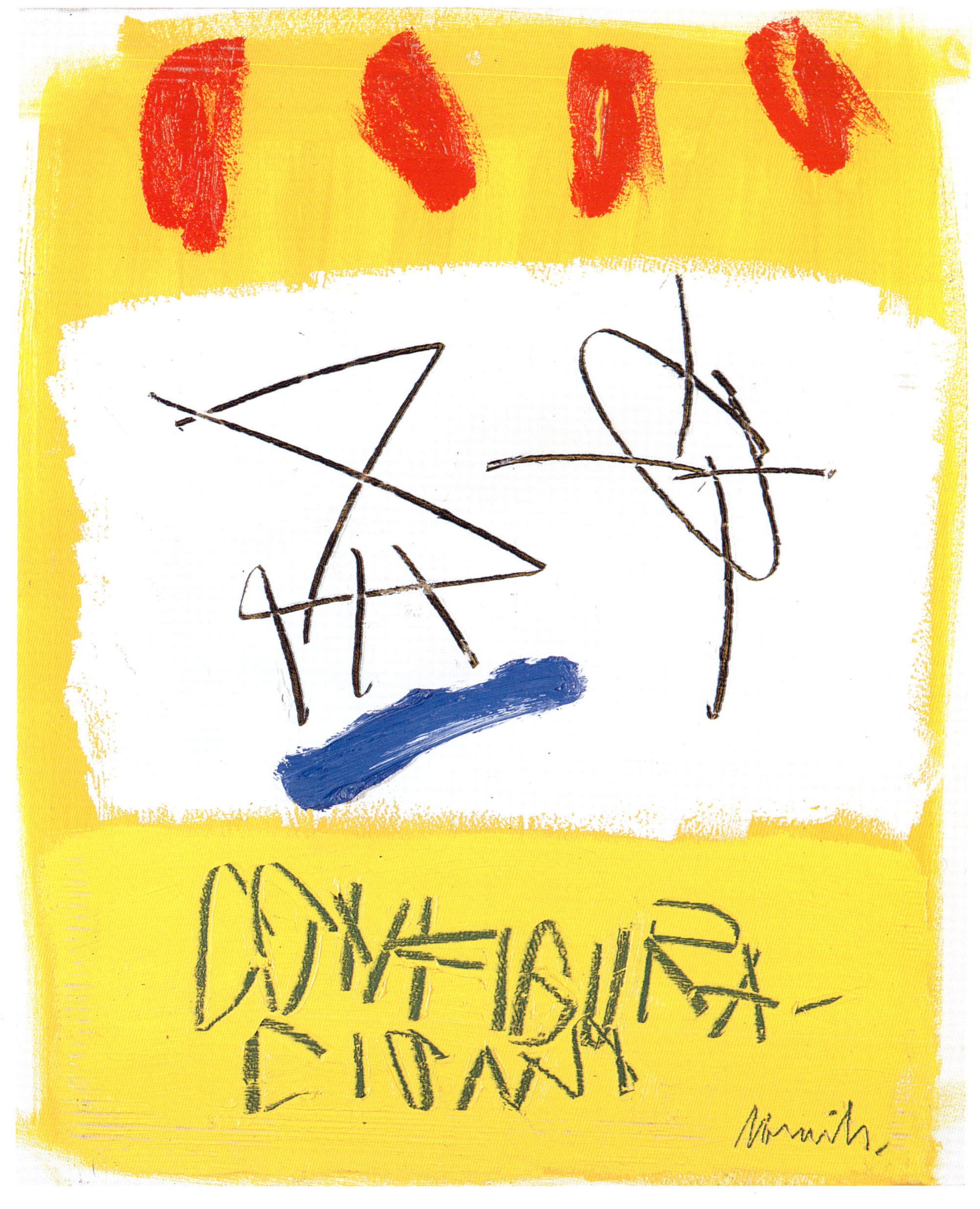

Jardí dels sorrals, 1997
Tecnica mista su tavola/Mixed media on
wooden panel/Mischtechnik auf Tafel
70x70 cm

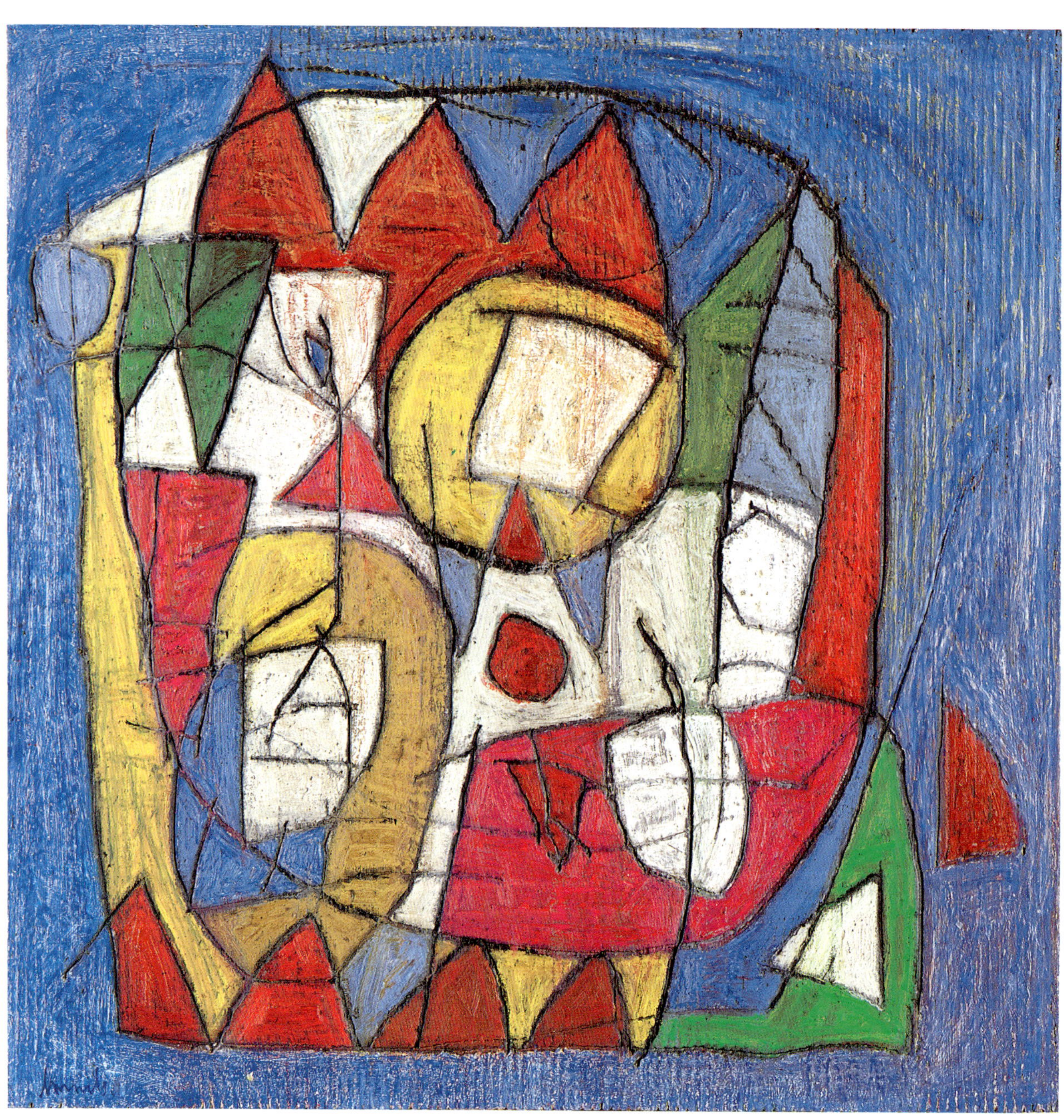

Primicies del jardins de llum, 1997
Tecnica mista su tavola/Mixed media on
wooden panel/Mischtechnik auf Tafel
73x60 cm

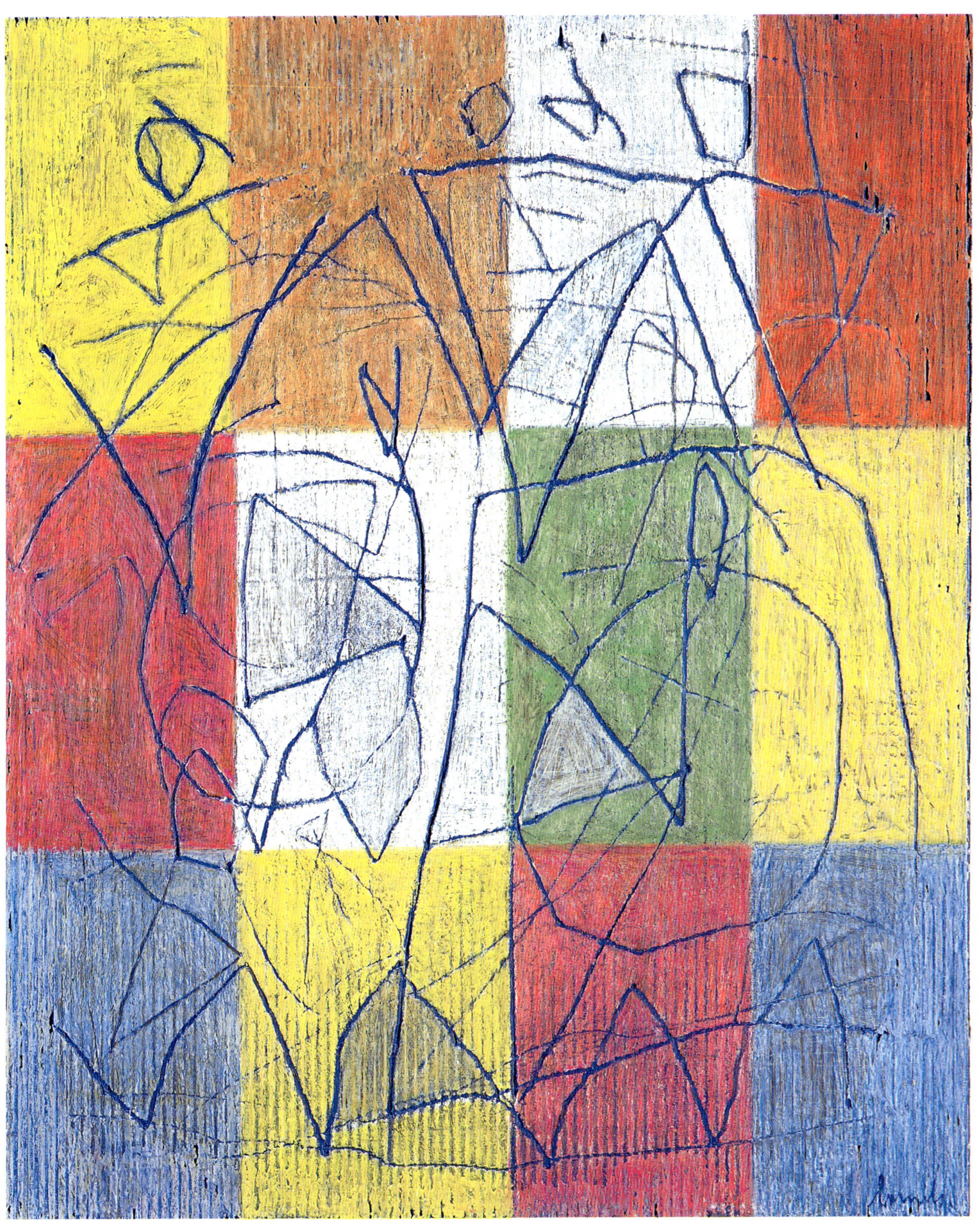

Jardins recòndits, 1997
Olio su porex/Oil on porex/Öl auf Porex
54x74 cm

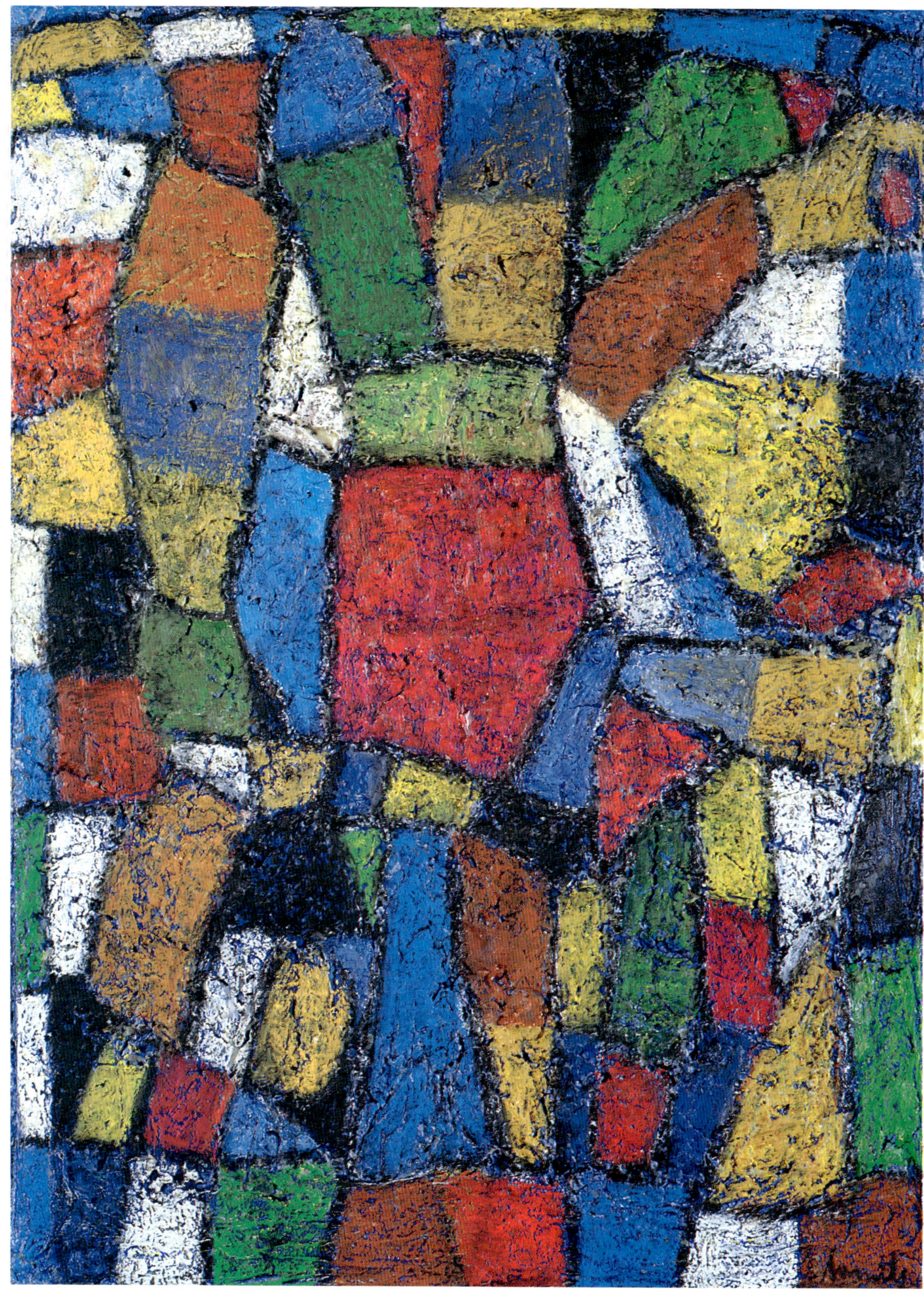

Benaurança dels jardins de llum,
1997
Tecnica mista su tavola/Mixed media on
wooden panel/Mischtechnik auf Tafel
92x73 cm

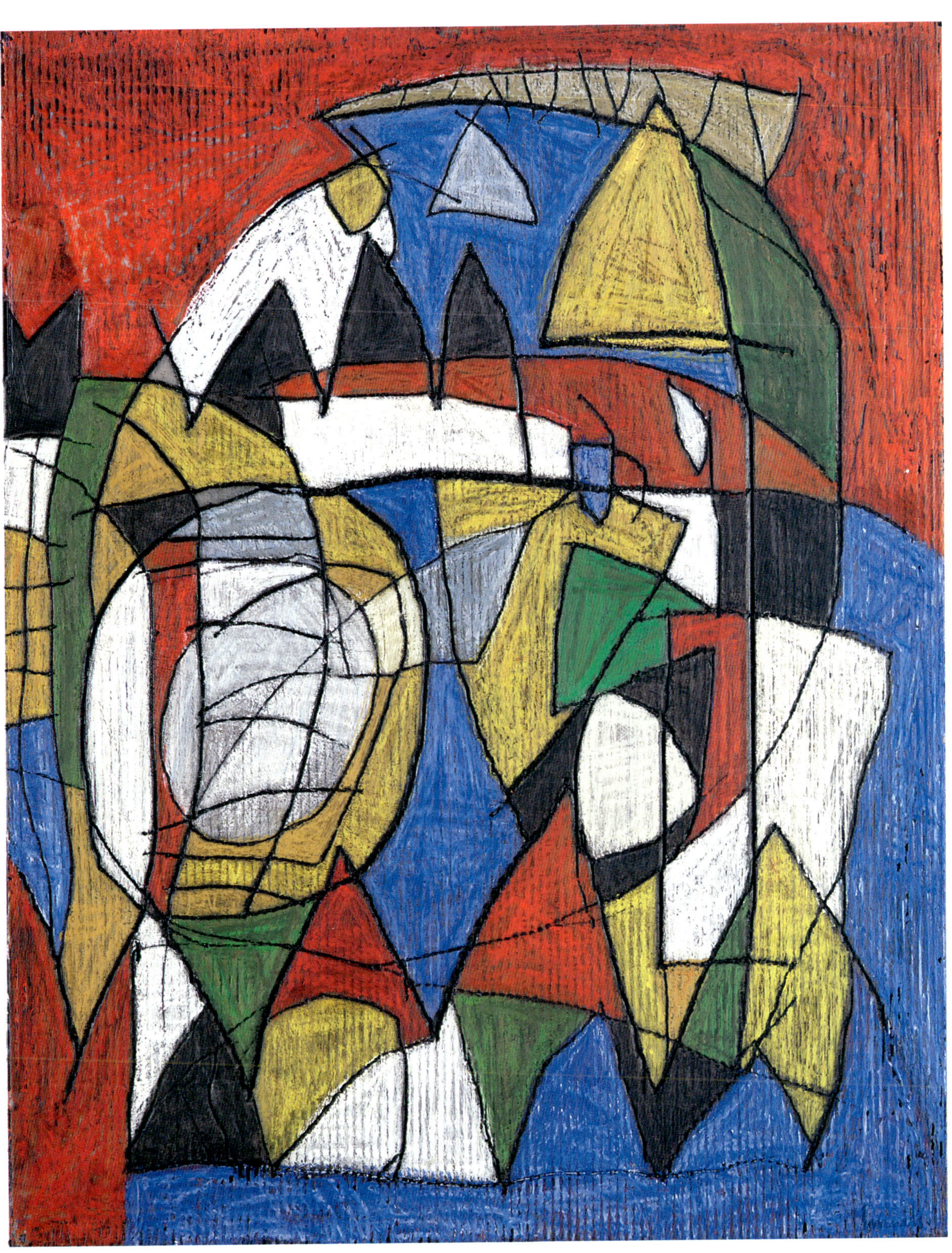

Dels dies de la coronació, 1997
Tecnica mista su cartone ondulato/Mixed
media on corrugated card-
board/Mischtechnik auf Wellpappe
60x73 cm

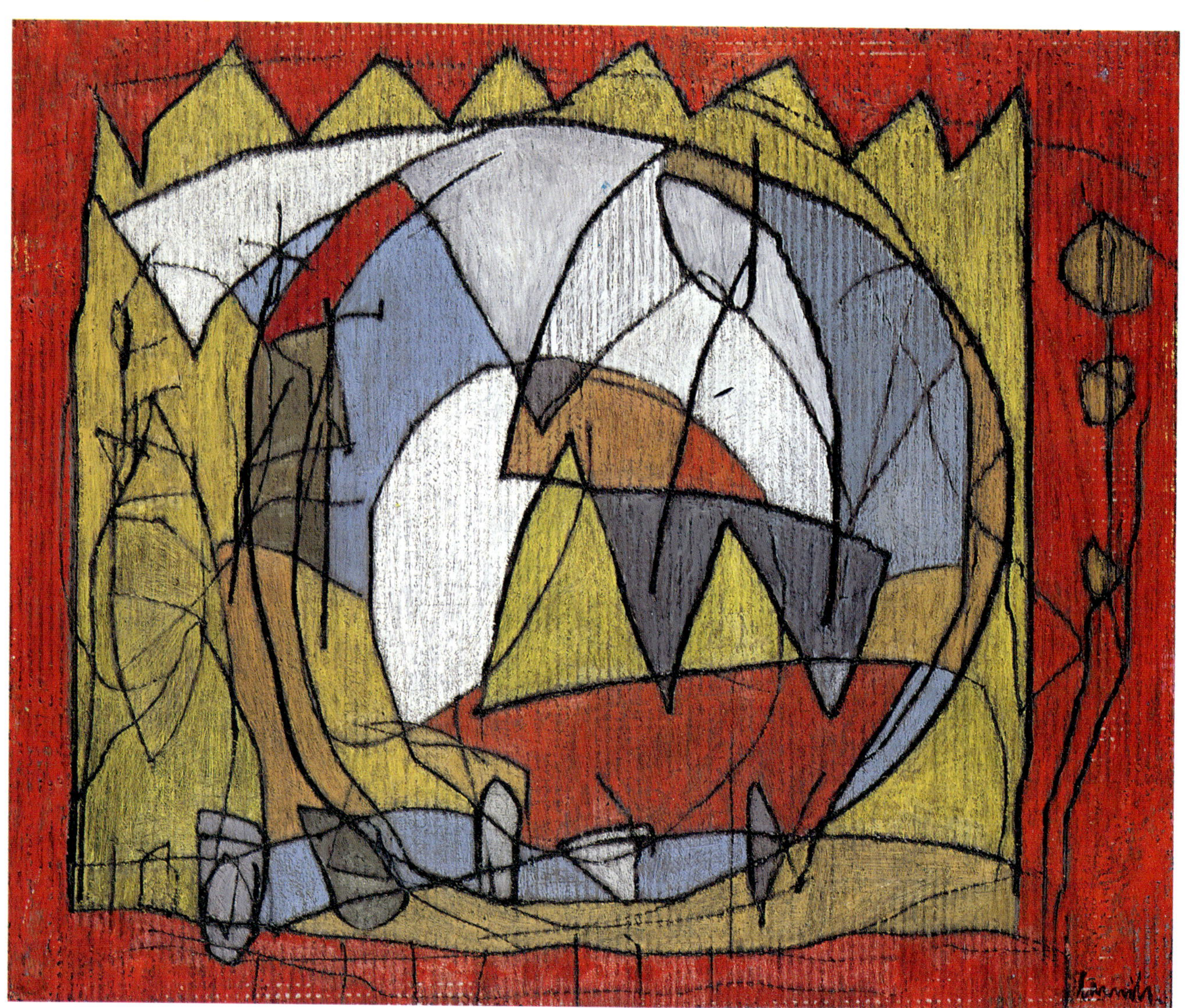

Visió d'una configuració, 1997
Tecnica mista su tela/Mixed media on
canvas/Mischtechnik auf Tafel
61x50 cm

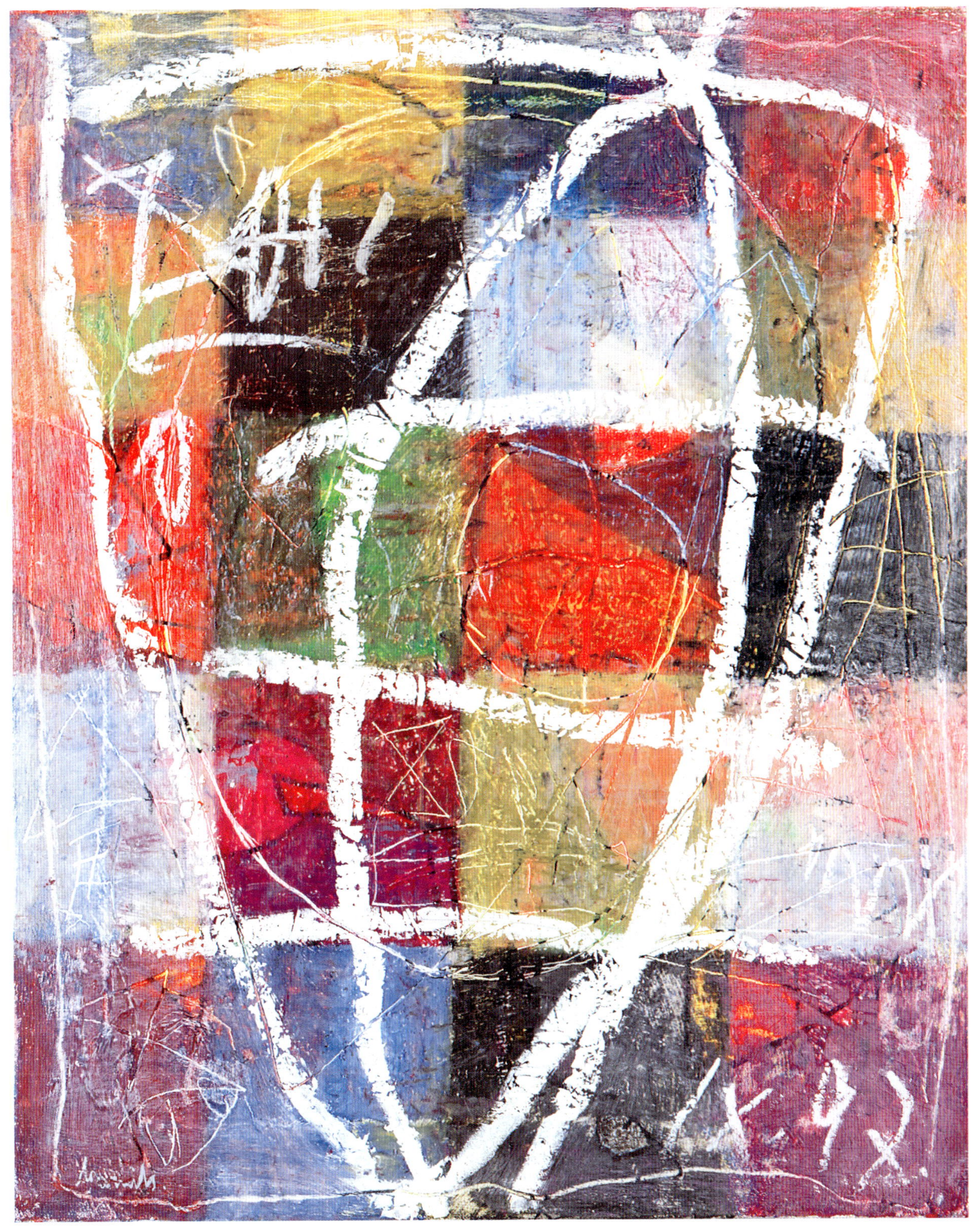

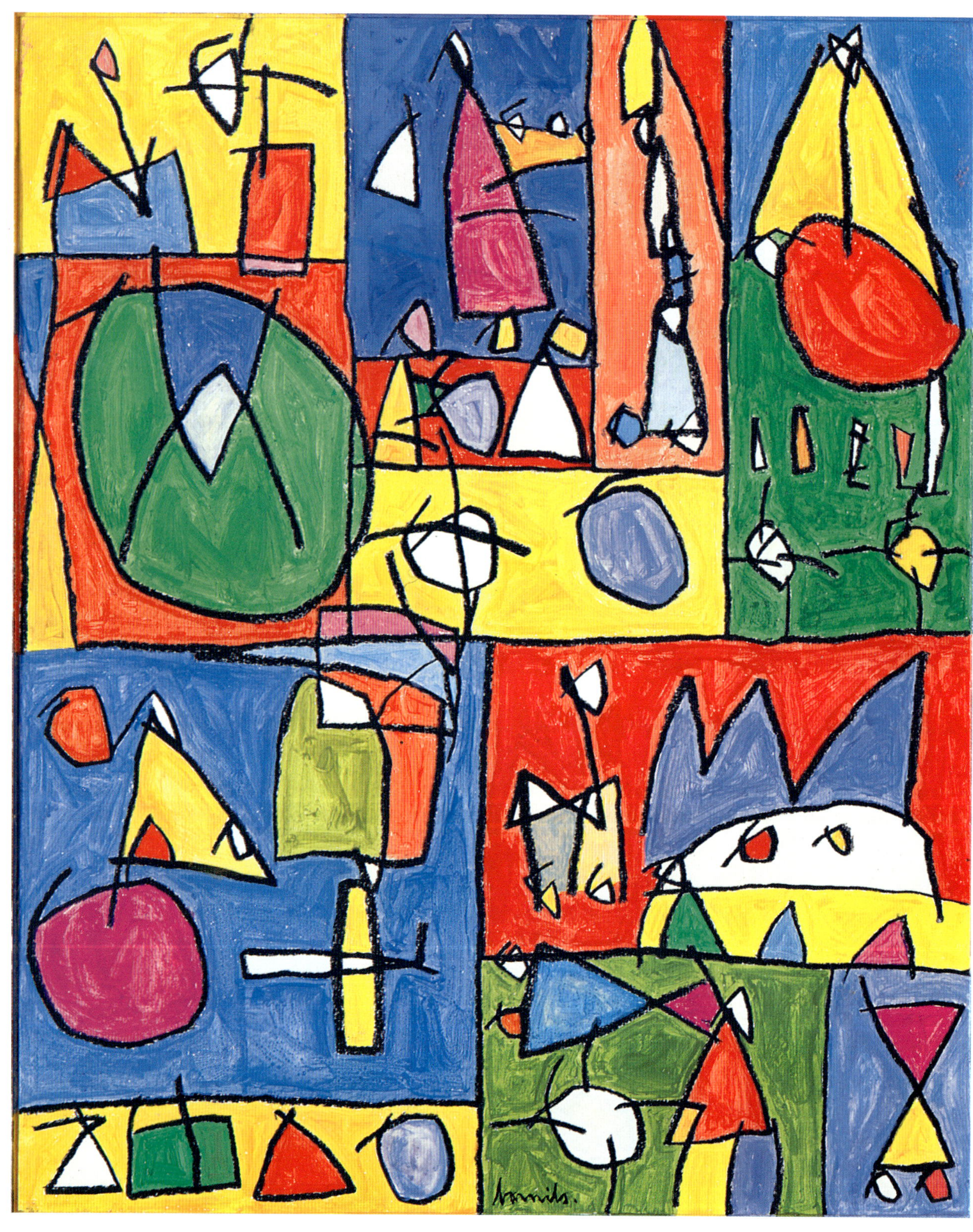

Visió dels primers monticles, 1997
Tecnica mista su tavola/Mixed media on
wooden panel/Mischtechnik auf Tafel
70x70 cm

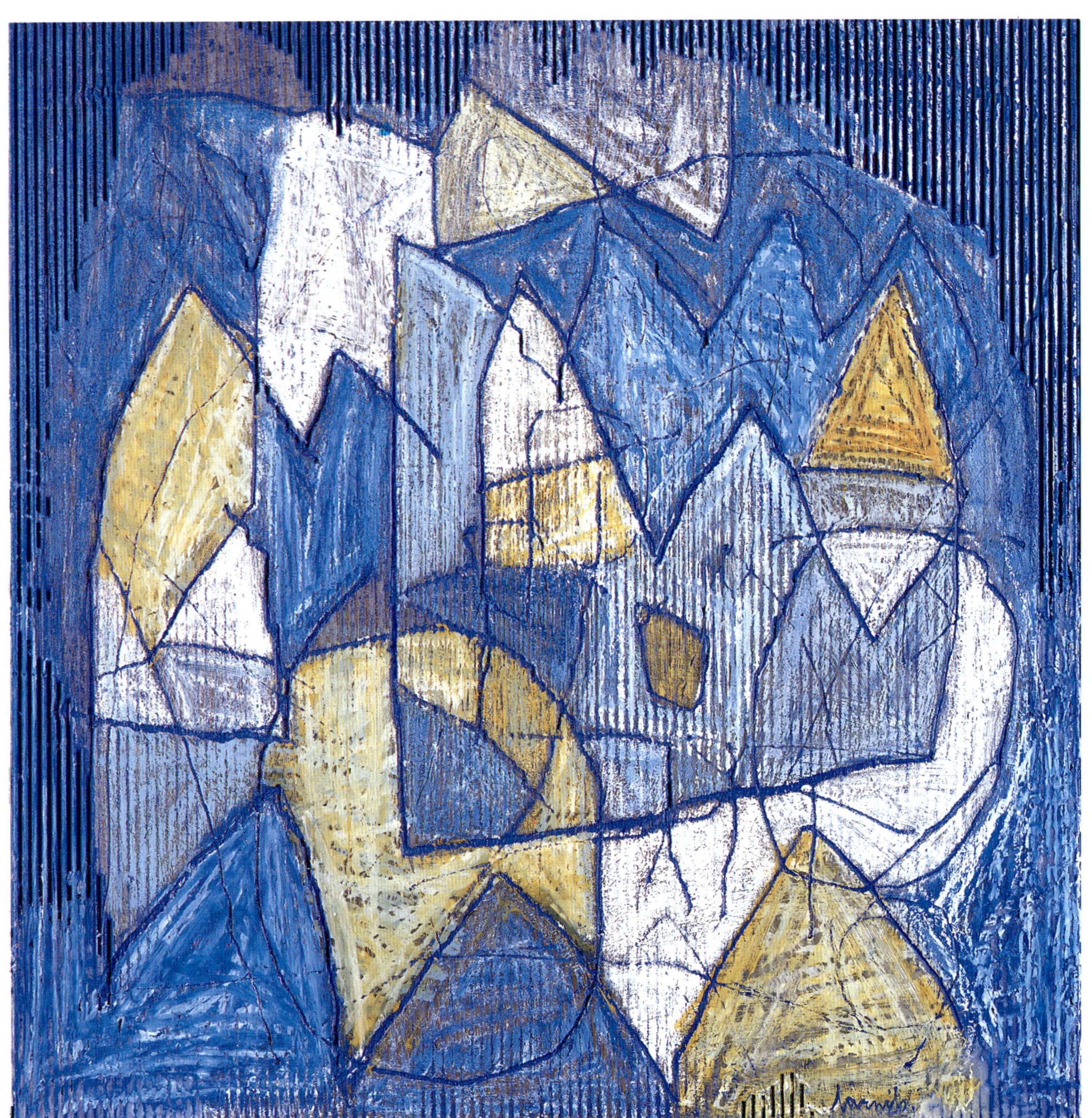

La benaurança dels primers jardins,
1997
Tecnica mista su tavola/Mixed media on
wooden panel/Mischtechnik auf Tafel
70x70 cm

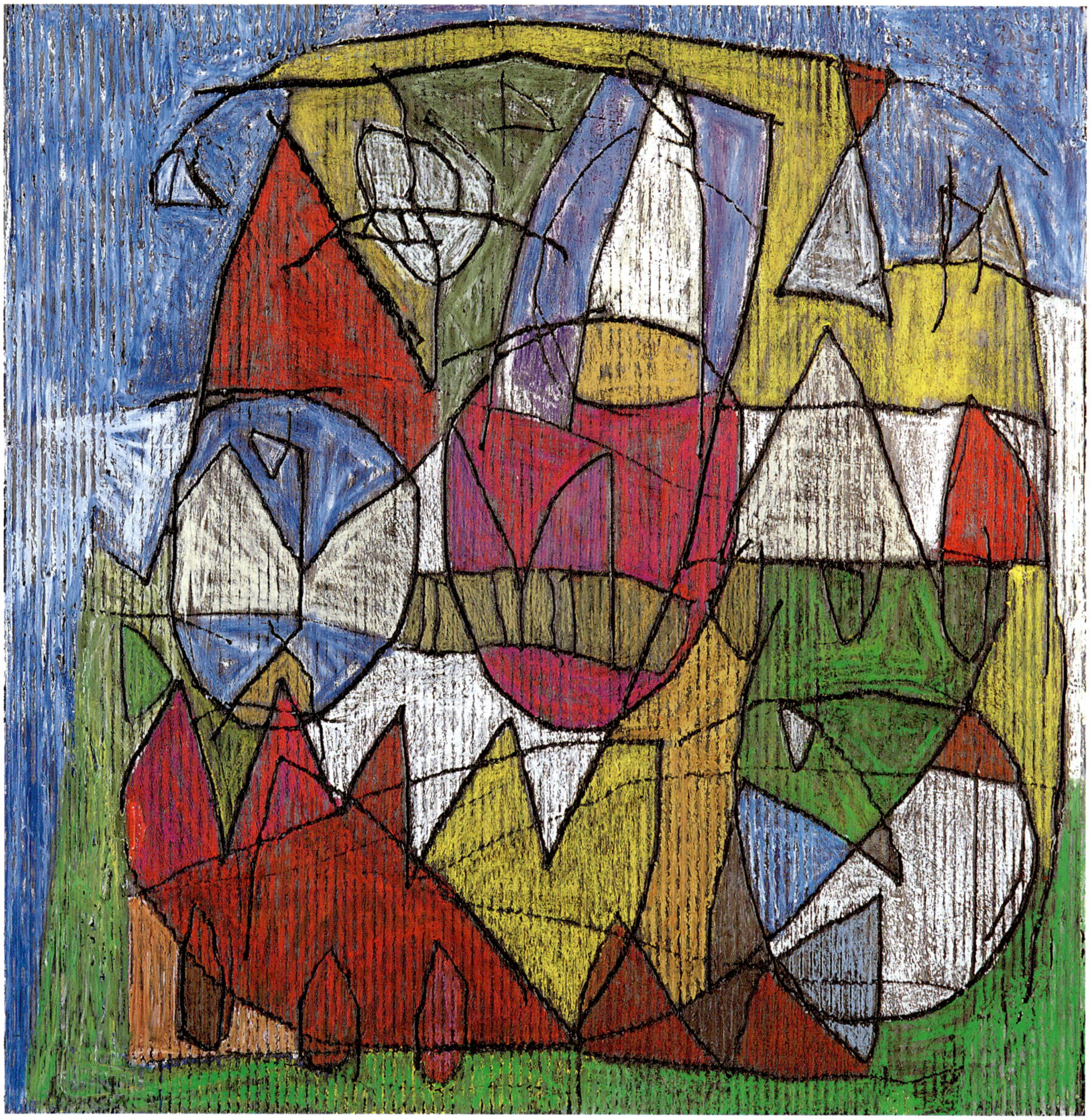

Visió d'un monticle amb basílica de vidre, 1997
Tecnica mista su cartone ondulato/Mixed media on corrugated cardboard/Mischtechnik auf Wellpappe
70x70 cm

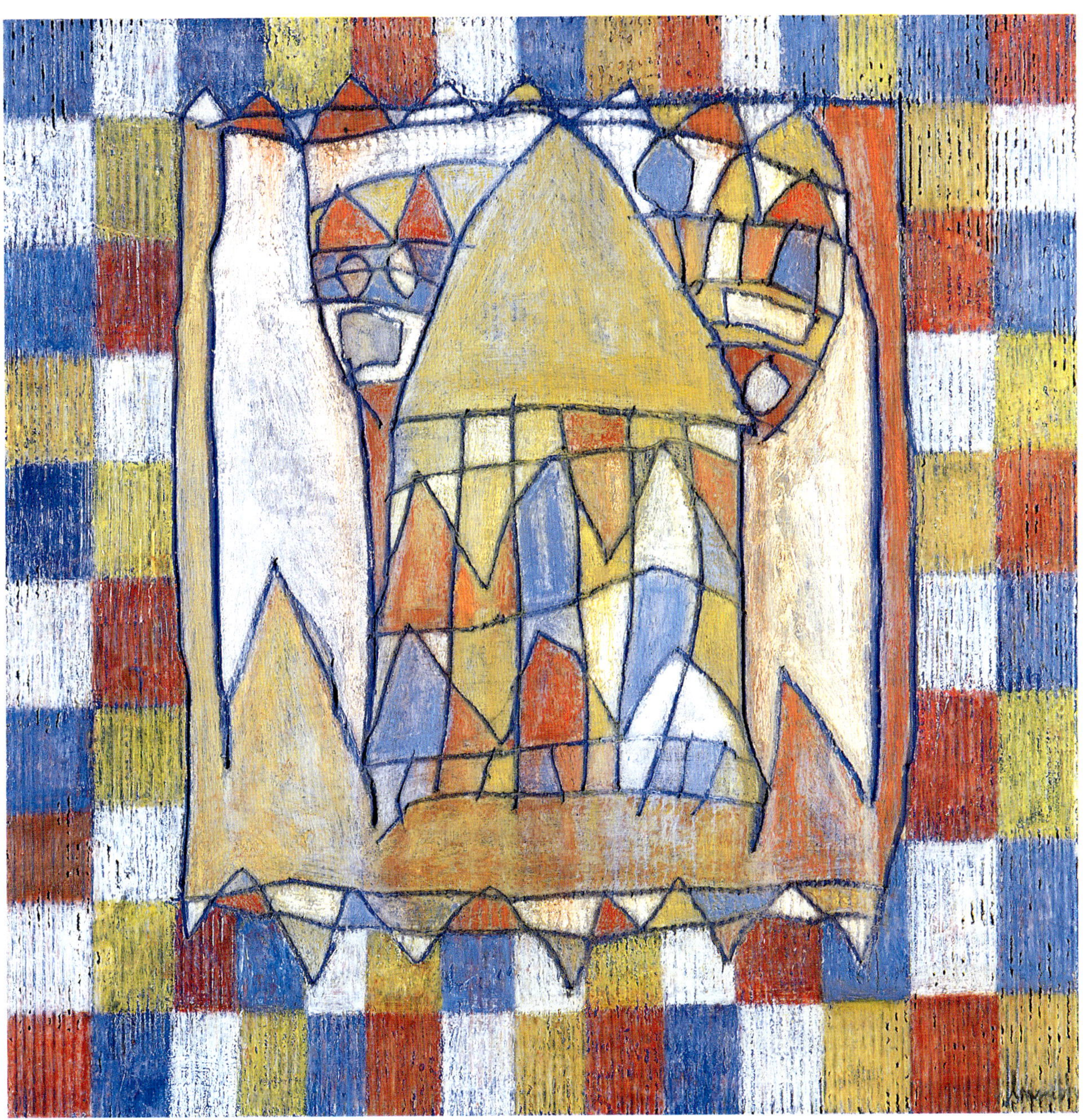

Dels dies del captiveri, 1997
Tecnica mista su tavola/Mixed media on
wooden panel/Mischtechnik auf Tafel
73x60 cm

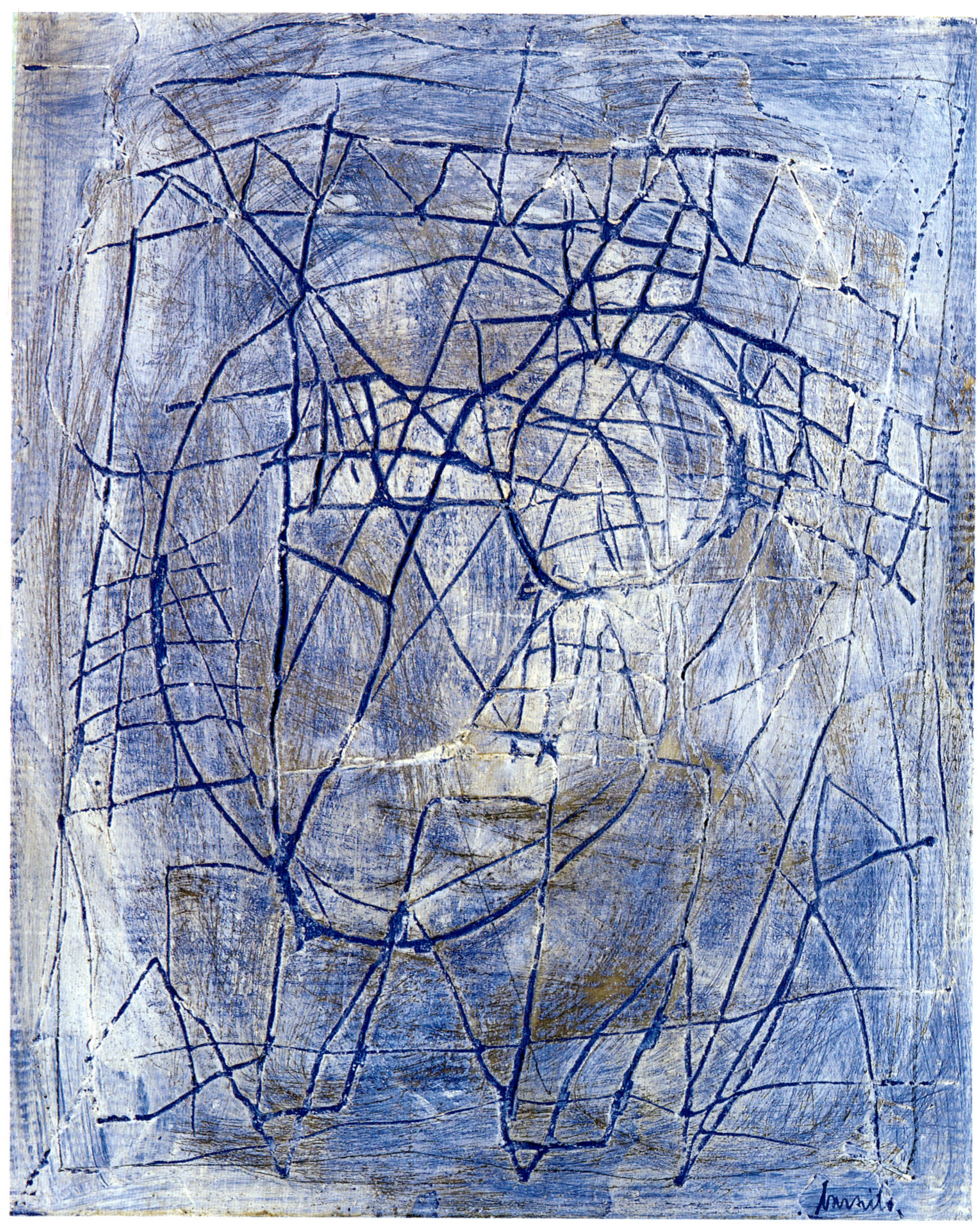

Dels dies d'exultació, 1997
Tecnica mista su legno/Mixed media on
wood/Mischtechnik auf Holz
102x64 cm

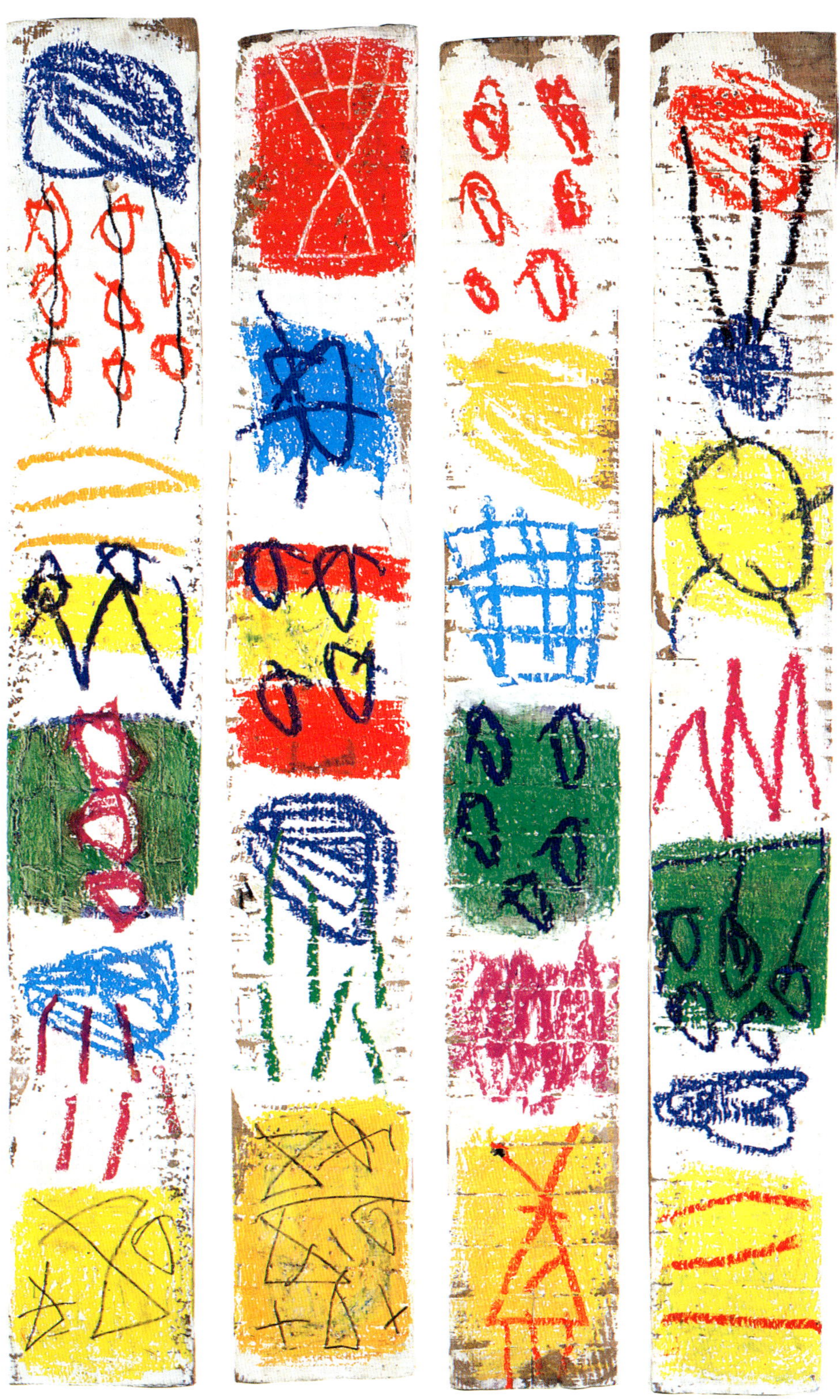

Anàlisi de les basíliques, 1997
Tecnica mista su cartone ondulato/Mixed
media on corrugated card-
board/Mischtechnik auf Wellpappe
60x60 cm

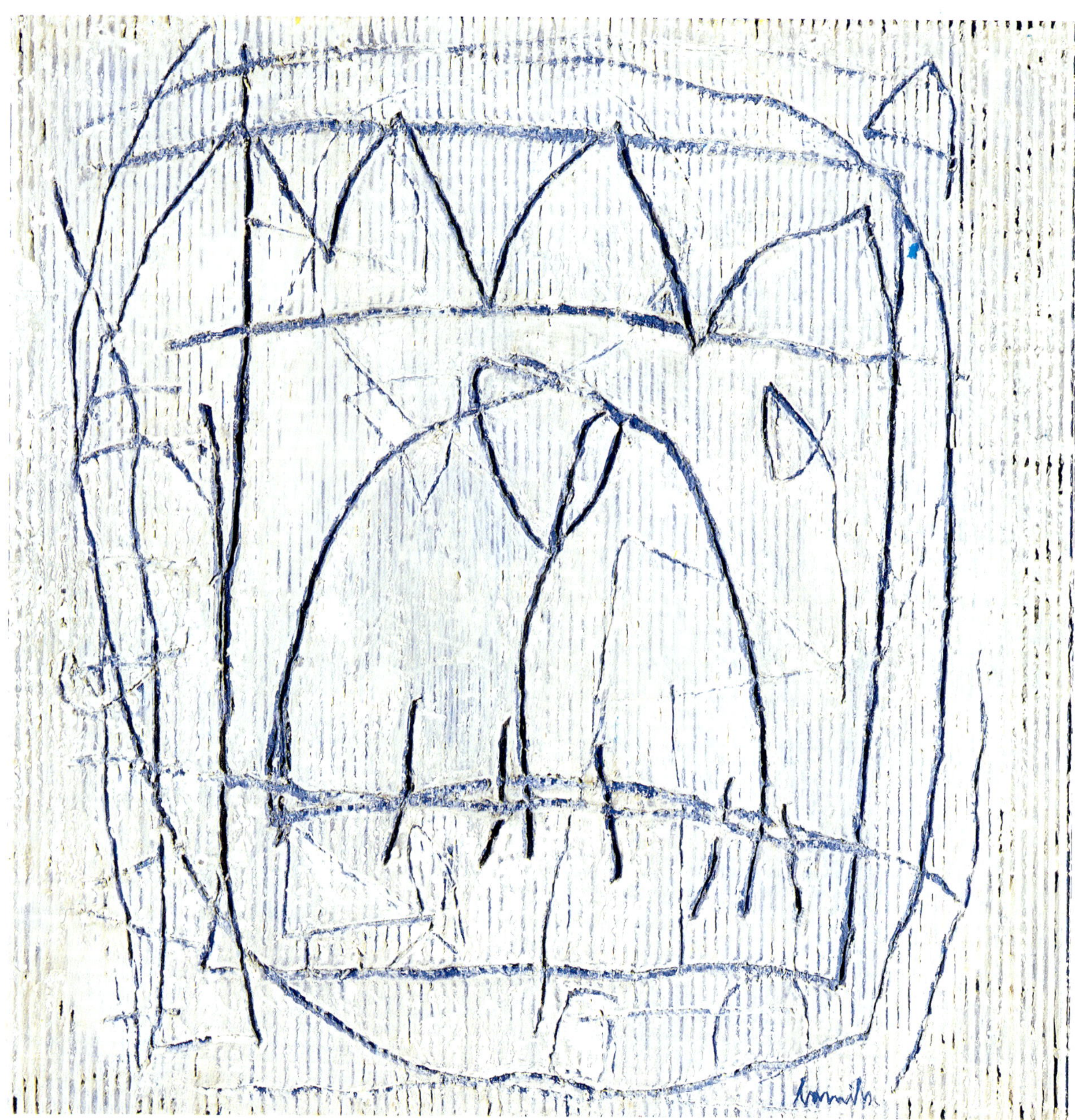

Dels signifers blaus, 1997
Tecnica mista su tavola/Mixed media on
wooden panel/Mischtechnik auf Tafel
81x65 cm

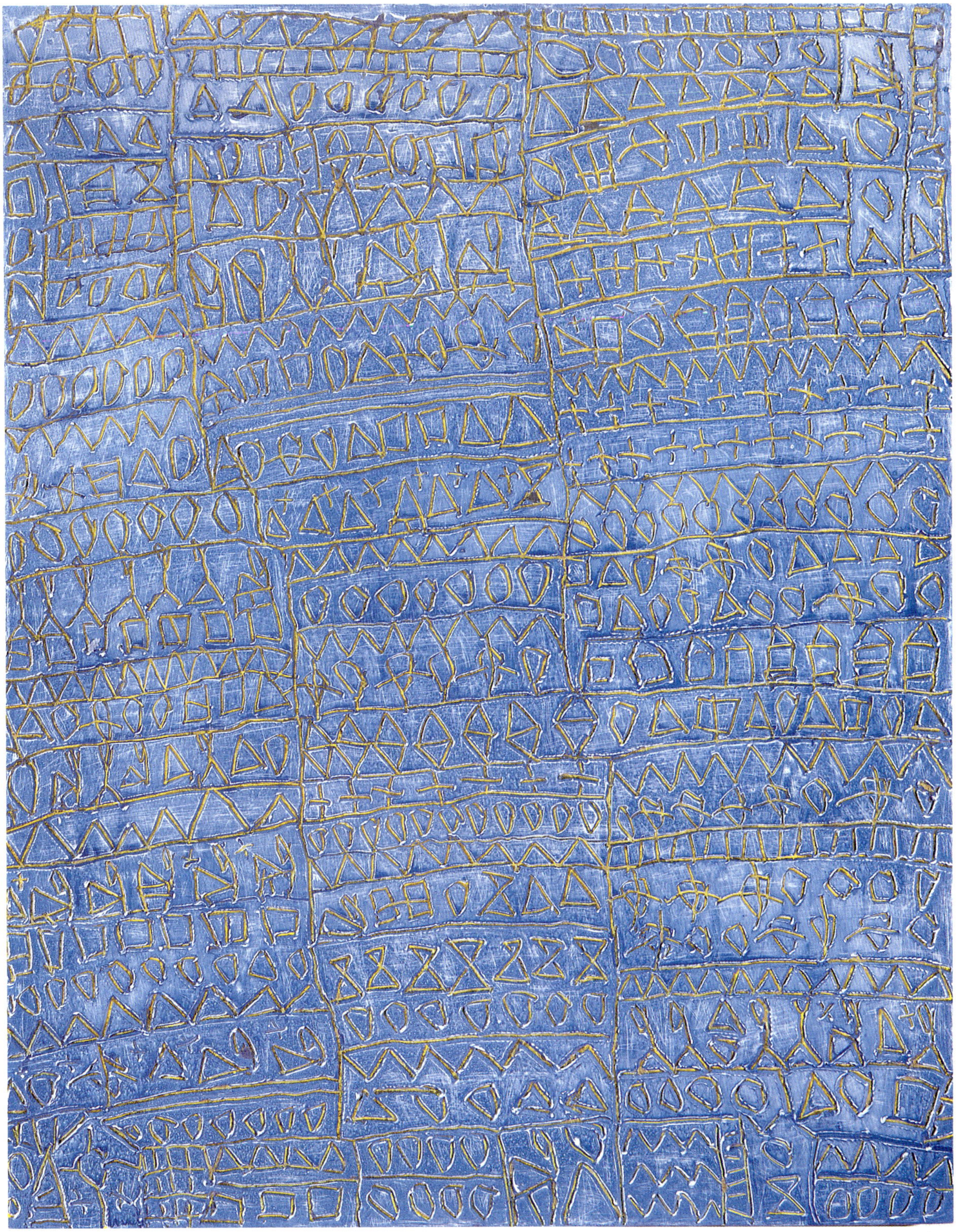

Dels incomptables camins que condueixen al gran Sojorn Lluminós, 1996
Tecnica mista su tela/Mixed media on canvas/Mischtechnik auf Leinwand
65x81 cm

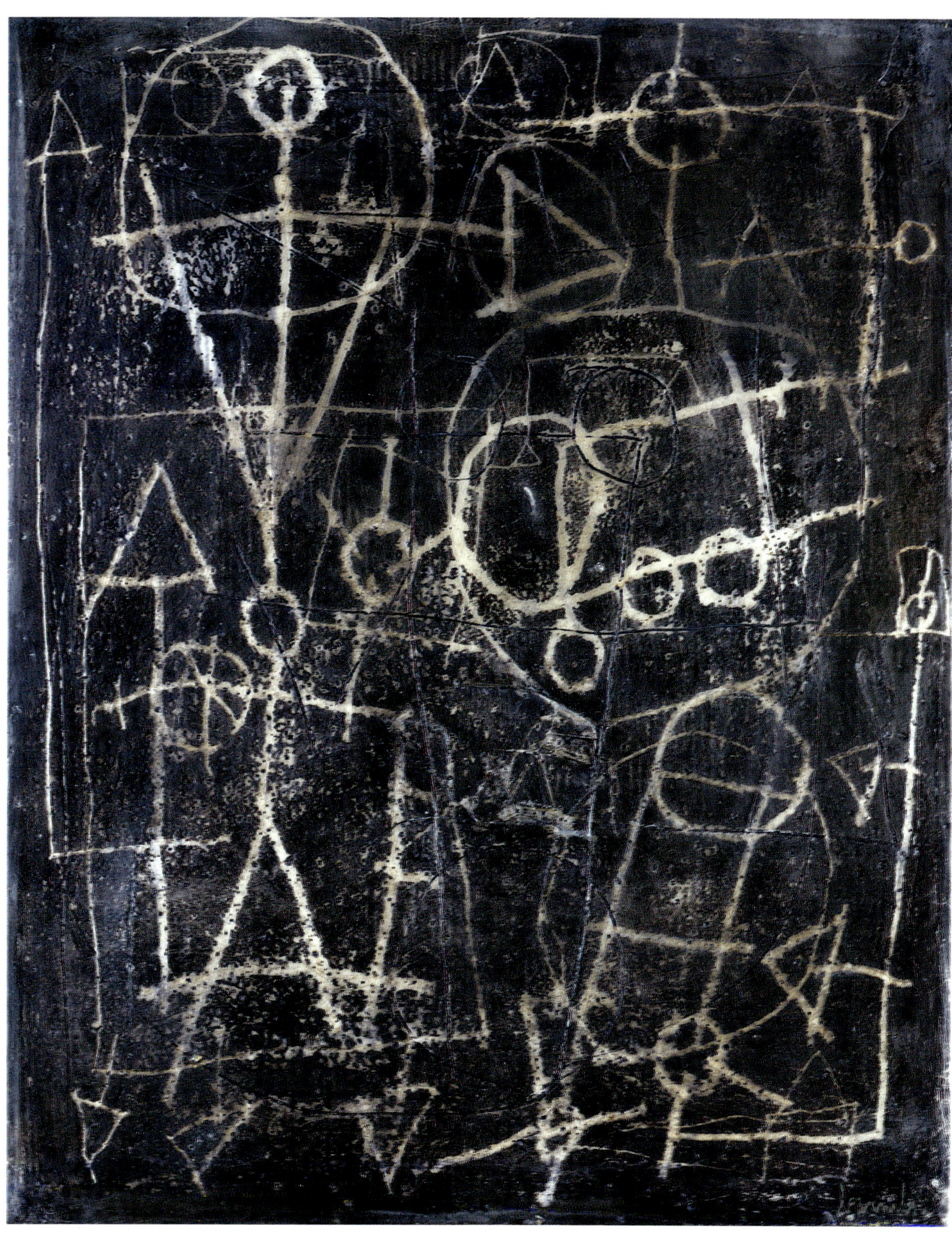

Apparati
Appendix

Biografia   # Biography

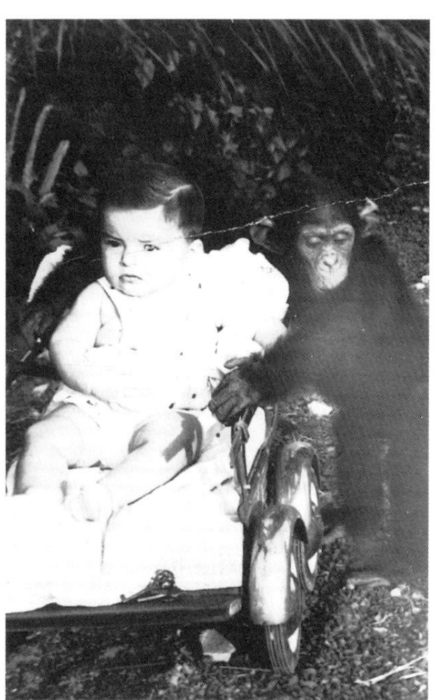

Bata, 1955

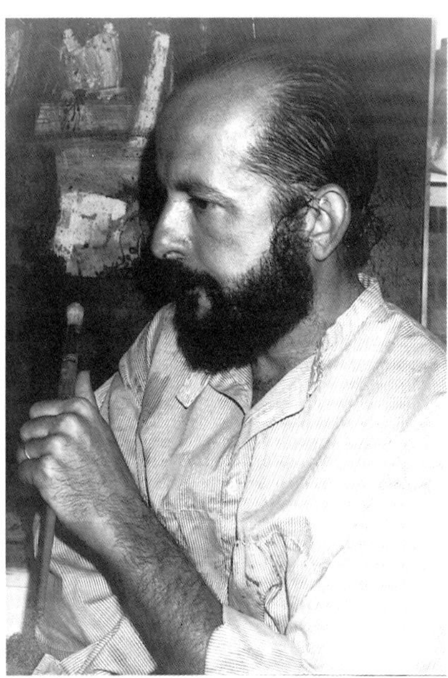

L'artista al lavoro nel suo studio di Sant Cugat, 1990/The artist during the work in his atelier at Sant Cugat, 1990/Der Künstler bei der Arbeit in seinem Atelier in Sant Cugat, 1990

Biografia

1954
Nasce a Bata (Guinea Equatoriale)

1956
La sua famiglia torna a Sant Cugat nella casa di famiglia
Compie studi artistici

1962-64
Frequenta lo studio Teresa Farrés
Frequenta il dipartimento d'arte di Viaró con Xavier Cabanach, Xavier Figueras e Francesc Casademont

1966
Vince il premio straordinario all' VIII Concorso Nazionale Giovanile d'Arte di Barcellona

1975
Frequenta lo studio di Nalasc Valls e la Facoltà di Belle Arti di Barcellona. Studia ceramica con Xavier Quirós e alla Scuola Professionale di Barcellona con Angelina Alòs

1994
Segue un corso di incisione al Centro d'Arte Contemporanea "La Rectoria" a Sant Pere de Villamajor

1996
Vince il Premio Internazionale di pittura a Tossa de Mar (Girona)

Biography

1954
Born in Bata (Equatorial Guinea)

1956
His family return to their home in Sant Cugat
Undertakes art studies

1962-64
Attends the Teresa Farrés studio.

1965
Attends the department of art in Viarò with Xavier Cabanach, Xavier Figueras and Francesc Casademont

1966
Wins the special prize in the 8th Barcellona National Competition for Young Artists

1975
Attends the study of Nalasc Vales and the Faculty of Fine Arts in Barcellona. Studies ceramics with Xavier Quirós and at the Professional School of Barcellona with Angelina Alòs.

1994
Follows a course in engraving at the "La Rectoria" Centre of Contemporary Art in Sant Pere de Villamajor.

1996
Wins the International Painting Prize at Tossa de Mar (Girona)

Biographie

1954
Barnils wird in Bata (Äquatorialguinea) geboren

1956
Die Familie kehrt nach Sant Cugat in Spanien zurück
Erster Kunstunterricht

1962-64
Besuch des Ateliers von Teresa Farrès

1965
Besuch der Kunstabteilung des Gymnasiums Viarò mit Xavier Cabanach, Xavier Figueras und Francesc Casademont

1966
Er gewinnt den Sonderpreis des 8. Nationalen Jugendkunstwettbewerbs in Barcelona

1975
Besuch des Ateliers von Nalasc Valls und der Fakultät der Schönen Künste in Barcelona. Keramikstudium mit Xavier Quirós und an der Berufsfachschule in Barcelona mit Angelina Alòs

1994
Teilnahme an einem Kurs für Druckgrafik am Institut für zeitgenössische Kunst „La Rectoria" in Sant Pere de Villamajor

1996
Gewinn des internationalen Malereipreises in Tossa de Mar (Girona)

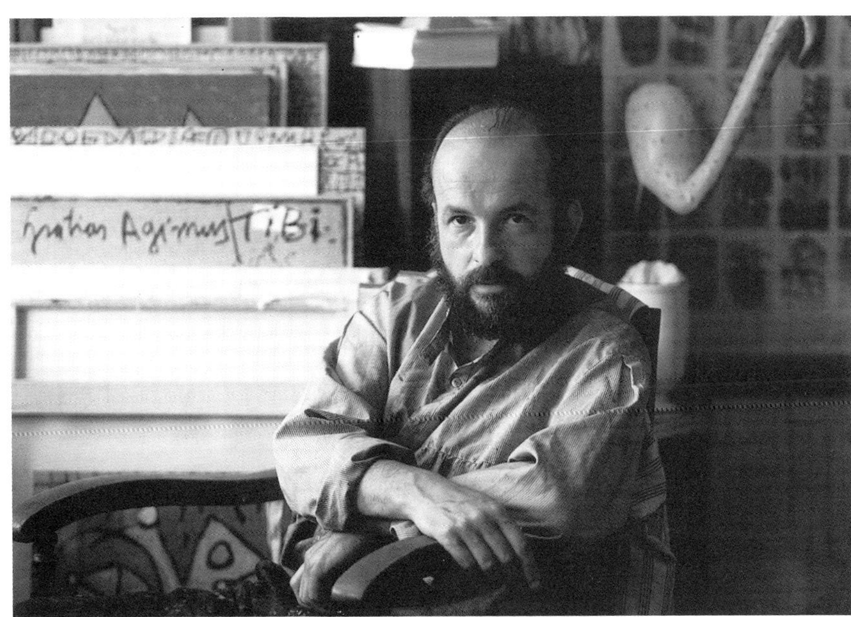

L'artista nel suo studio di Sant Cugat/The artist in his atelier at Sant Cugat/Der Künstler in seinem Atelier in Sant Cugat, 1990

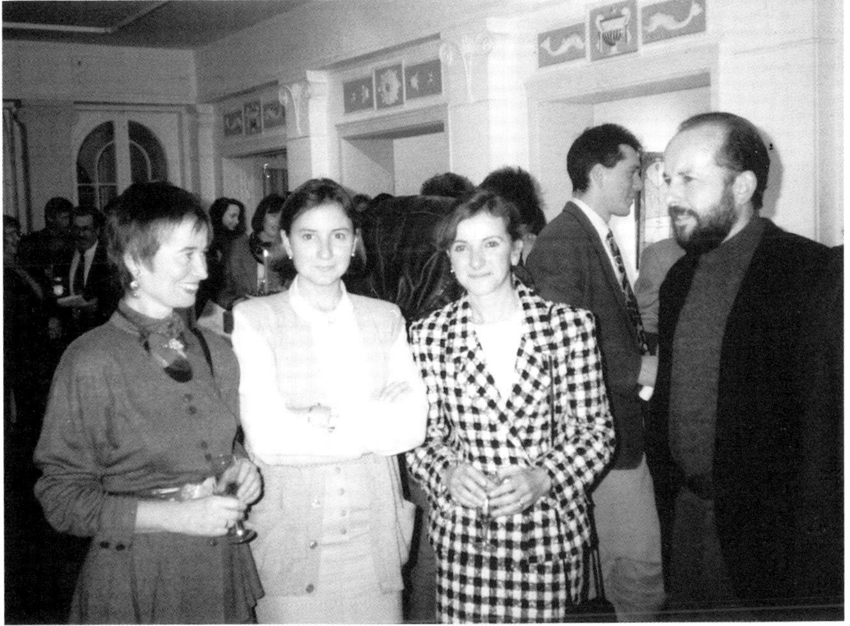

Mostra di Sergi Barnils alla Galerie Brauer di Berlino. Nella foto: Barnils con il cancelliere del Consolato Generale di Spagna a Berlino, Isabel Vidal, e Frau Lother
Sergi Barnils exhibition at Galerie Brauer, Berlin. Photo: Barnils with the Chancellor of the Spanish General Consulate in Berlin, Isabel Vidal and Frau Lother
Ausstellung von Sergi Barnils in der Galerie Brauer in Berlin. Es sind zu sehen: Barnils mit dem Kanzler des spanischen Konsulats in Berlin, Isabel Vidal, und Frau Lother

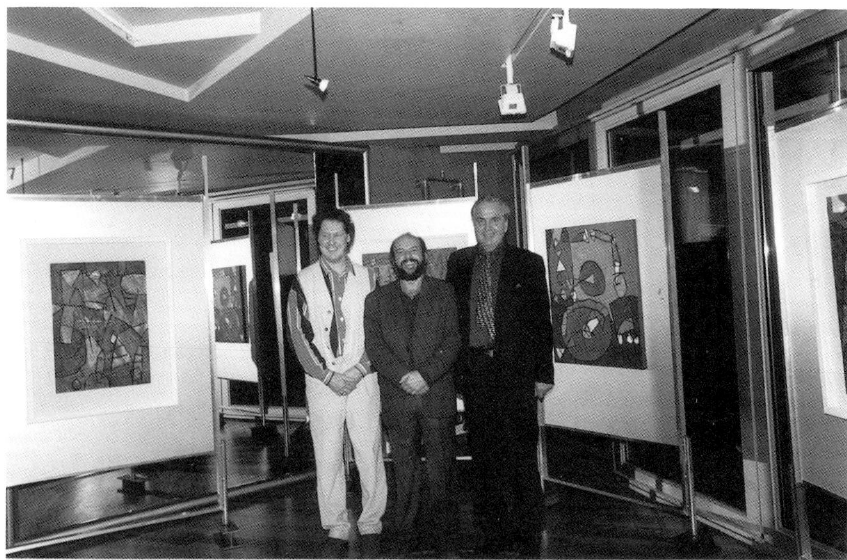

Barnils in compagnia del mercante d'arte
Drobig e del gallerista Stötter. Amburgo, 1996
Barnils with Drobig, art dealer, and Stötter,
manager of an art gallery. Hamburg, 1996
Barnils mit dem Kunsthändler Klaus Drobig
und dem Galeristen Stötter. Hamburg, 1996

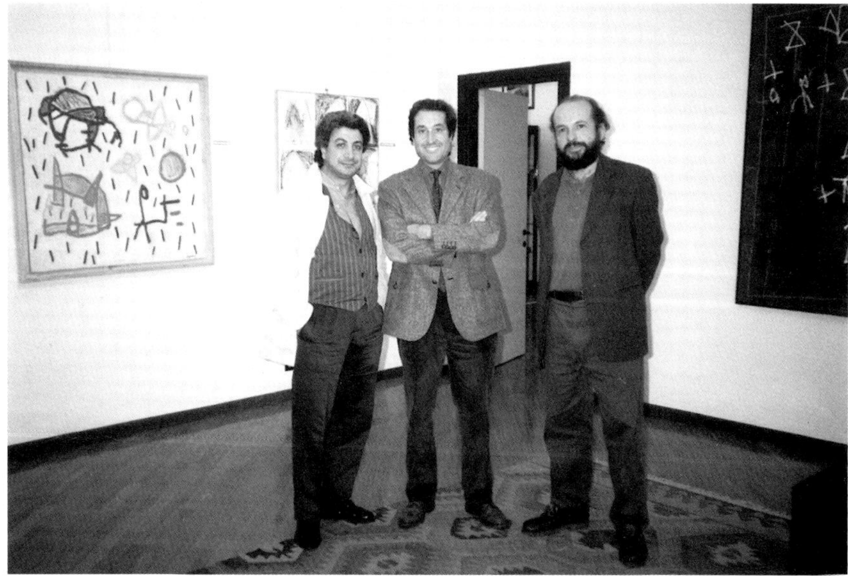

Shafik, Marco Rossi, direttore della Galleria, e
Barnils alla Galleria Spirale Arte, Milano, 1996
Shafik, Marco Rossi, director of the art gallery
and Barnils at Spirale Arte, Milan, 1996
Shafik, der Direktor der Galleria Spirale Arte
Marco Rossi und Barnils. Galleria Spirale Arte,
Mailand 1996

1980
Galeria Maravia, Tordera (Barcelona)
Caixa de Pensions, Calella (Barcelona)
Palau Meca, Barcelona

1981
Galeria Sant Antoni, Barcelona
Galeria Terra i Foc, La Bisbal de l'Empordà
(Girona)
Espai Caixa Pensions, Sant Pol de Mar
(Barcelona)

1982
Sala Arrels, Caldes d'Estrac (Barcelona)

1985
Galeria Xarxa d'Art, Tossa de Mar (Girona)

1987
Hotel Cristina, Barcelona

1989
Galleria Golf, Sant Cugat (Barcelona)

1991
Centre d'Art S'Estaciò, Sineu (Mallorca)

1993
Sala Negre, Sabadell (Barcelona)
Lemia Art, Sitges (Barcelona)
Retrospectiva S'Estaciò, Sineu (Mallorca)
Canals Galeria d'Art, Sant Cugat (Barcelona)
Galeria Brauer, Berlin

1994
Galeria Dubé, Barcelona

1995
Centre d'Art Sineu, Mallorca
Espai Dadá, Granollers (Barcelona)
Pula Golf, Son Servera, Mallorca

1996
Galeria Tuset, Barcelona
Cicles dels jardins oblidats.Claustro del
Monasterio de Sant Cugat del Vallés,
Barcelona
Spirale Arte, Milano
Galleria E- 96, Hamburg

1997
Museo de La Rioja, Logroño
Spirale Arte, Pietrasanta
Galleria am Opernring, Wien

Mostre collettive
Group exhibitions
Sammelausstellungen

1980
Casal de Cultura, Tordera (Barcelona)

1984
Galeria Quorum, San Cugat (Barcelona)
Centre Cultural Caixa, Terrassa (Barcelona)

1985
Galeria d'Art del Vallès, Sant Cugat (Barcelona)

1990
Galeria Negre, Sabadell (Barcelona)
Salò d'Estiu, Tossa de Mar (Girona)
Magatzem d'Art, Sant Cugat (Barcelona)

1991
Sala Vinçon, Barcelona
Galeria Marco Polo, Tossa de Mar (Girona)
Barnils Sala d'Art, Sant Cugat (Barcelona)
"Olimpiada d'Art '92", Barnils Sala d'Art,
Sant Cugat (Barcelona)
"XV de XX" Canals Galeria d'Art, Sant
Cugat; Art Dama, Calafell;Enric Cassan Sala
d'Art, Andorra la Vella; Fons d'Art, Olot;
Galeria Francesc Machado, Girona; Dubé,
Gloria de Prada i MAP, Barcelona; Galeria
Nova 3, Sabadell; Gastó Sala d'Art,
Terrassa; Lemia Art, Sitges; Minerva, Mataró;
Palma Dotze, Vilafranca del Penedès; Galeria
Prisma, Vilanova i la Geltrú.
Sala Rebull, Reus
Sala Vinçon, Barcelona
S'Estació Centre d'Art, Sineu (Mallorca)

1993
Convento St.Felip Neri, Palma de Mallorca
"X de X a Joan Miró", Canals Galeria d'Art,
Sant Cugat
Rendez-Vous d'Art, Sineu (Mallorca)
I Mostra Arteroide, La Nebulosa de Cranc,
Sant Cugat

1994
Col.ectiva Galeria Tuset, Barcelona
IX Mostra d'Art Contemporani Català
Saló d'estiu. Tossa de Mar (Girona)
Galleria Jordi Camps, Girona
Fiera d'Arte Moderna e Contemporanea
"Artissima", Torino
Lineart, Gent, België
Art Solidari, Centre de Coltura
Contemporánea "Casa de la Caritat",
Barcelona
Rendez-Vous d'Art, Sineu, Mallorca

1995
Cien Exposiciones, Canals Galeria d'Art,
Sant Cugat del Vallés
Feria de Arte Contemporàneo "Kunst-Rai".
Amsterdam

Saló d'Estiu. Tossa de Mar (Girona)
Fiera d'Arte Moderna e Contemporanea
"Artissima", Torino
Galeria Lourdes Jaúregui, Zaragoza.
Galleria ARX, Torino
9 Catalans Artistes Avantguardistes, Centre
d'Art Sineu, Mallorca
Singulart, Barcelona

1996
Feria de Arte Contemporaneo "Kunst-Rai",
Amsterdam
1ª Biennal Internacional "Terra d'Acqua",
Vercelli (Italia)
Colectiva Galeria Tuset, Barcelona
Rendez-Vous d'Art Centre d'Art Sineu,
Mallorca
Saló d'Estiu. Tossa de Mar (Girona)
Art Zürich 1996, Zürich

1997
Fiera d'Arte Contemporanea MIART, Milano
ARTEXPO, Barcelona
Versilia Arte, Villa La Versiliana, Marina di
Pietrasanta (Lucca)
L'Umano e il mito. "Manifiesto Barcelona
Galeria"

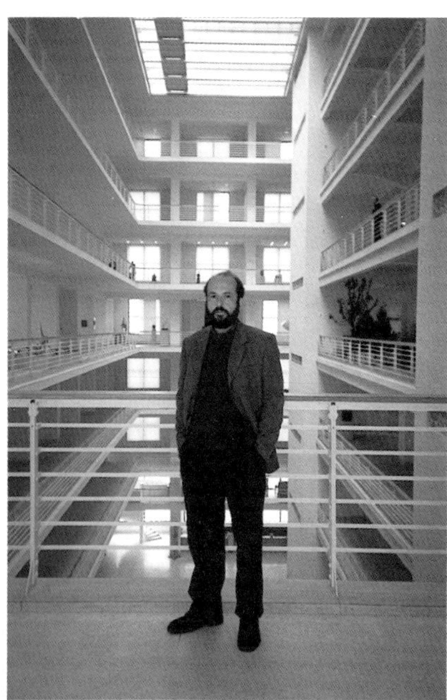

Barnils nel Museo di Arte Moderna di Praga/
Barnils in the Museum of Modern Art,
Prague/Barnils im Museum für Moderne Kunst
in Prag

Museo de Tossa de Mar (Girona)
Museo de la Costa Brava de Begur (Girona)
Museo Tharrats, Pineda de Mar, Barcelona
Galeria Nacional de Praga, República
Checa
Museo de Pintura y Escultura, Istanbul
Museo de La Rioja, Logroño

El Vell Ametller, Ed. Laietana, 1966
*Diccionario Ràfols de artistas
Contemporàneos de Cataluña y Baleares*,
vol. 1, 1985
XV de XX, Ed. Andrés Morón, 1992
Enciclopedia La Rousse, Suplemento 1993,
Ed. Planeta
X de X a Joan Miró, Ed. Andrés Morón,
1993
Figuració 94-95, Ed. Galeria Tuset,
Barcelona
Diccionario Enciclopédico "Salvat Universal",
Ed. Salvat, 1996
Figuració 1996, Ed. Galeria Tuset,
Barcelona
H. van Lee, Geffen (Holland)
"Cugart", T.V. de Sant Cugat del Valles
(Barcelona), 1992
Universidad Pompeu Fabra, Barcelona,
Carles Figuerola, 1996
T.V. de Sant Cugat, *Cicles dels jardins obli-
dats*, Claustro del Monasterio. 1996

Finito di stampare nel mese di dicembre 1997
da Leva spa, Sesto San Giovanni
per conto di Edizioni Charta